송 태 근

한국 교회의 대표적인 청년 사역자이다. 1994년부터 서울 노량진에서 강남교회를 섬겼으며, 노량진 일대의 고시생들에게 새벽밥을 나누면서 복음과 비전을 제시한 실천적 목회를 이어왔다. 목회 현장마다 양들의 필요를 세밀하게 관찰하고 기민하게 대응하는 등 목자의 모습을 잃지 않고 사역해왔다.

2012년 7월, 19년간의 사역을 뒤로하고 삼일교회로의 새로운 부르심에 순종했다. 당시 오랜 기간 동안 담임목사의 부재로 어려움을 겪고 있던 삼일교회 성도들을 향한 목자의 심정이 그를 새로운 현장으로 이끈 것이다. 부임 직후, 주일 낮 예배의 첫 강해설교 본문으로 전도서를 선택했다. 전도서의 메시지를 통해 삼일교회 성도들, 특히 청년들로 하여금 그리스도를 더 깊이 바라보게 하였으며, 성경 본문에 대한 깊은 통찰력과 예리한 언어로 '절망 속에서 더욱 빛나는 희망'을 전달하였다.

총신대학교와 총신 신학대학원, 미국 Golden Gate Baptist Theological Seminary에서 수학했으며, Fuller Seminary에서 박사학위를 받았다. 현재 CBS 〈성서학당〉과 총신대학교, 총신 신학대학원에서 강사로 활동 중이며, 저서로는 『전환의 신앙』, 『믿음은 그런 것이다』, 『내겐 사랑만 남았다』, 『하나님이 다 하신다』, 『하나님의 부르심』, 『쾌도난마 요한계시록』 등이 있다.

모든 끝은 시작이다

절망 속에서 더욱 빛나는 전도서의 희망 선언

모든 끝은 시작이다

송태근 지음

국제제자훈련원

　전도서에는 전반에 걸쳐 성경의 내용이라 말하기 의심스러울 정도로 인생에 대한 부정적 견해가 가득합니다. 그래서 독자들은 때로 해석과 적용에서 많은 당혹감을 가지기도 합니다. 과연 성경이 그렇게 적나라한 표현을 사용하면서까지 인생을 부정적으로 묘사한 데에 어떤 이유가 있을지 고민하고 기대하는 마음이 전도서의 출발점입니다.

　사실 우리네 삶의 모습이 전도서의 부정적 묘사와 그리 멀지 않다는 것이 정직한 고백일 겁니다. 우리 사회는 지금 절망과 소외로 몸부림치고 있습니다. 불행하게도 미래의 꿈을 먹고 자라야하는 청소년과 청년 세대가 이 절망의 가장 큰 피해자입니다. 급격하게 산업화와 현대화가 구축되었지만, 그 기저에 있어야 할 견고한 사회정신이 발전과 보조를 맞추지 못하고 뒤처지면서 이 간극으로 인하여 몸살을 앓고 있습니다. 더군다나 정신적 절망으로 고민할 틈도 없이 당장 발등에 떨어진 청년실업이라는 현실적 문제는 그들을 절망이라는 나락 속으로 더 깊게 집어 삼키고 있습니다.

인류는 지금까지 온갖 철학과 기술과 문화 등을 통하여 이 절망과 소외의 문제를 해결하려 시도해 왔습니다. 가시적인 진보는 이루어졌습니다. 겉모습은 나날이 더욱 화려해지고 있습니다. 현대인은 인류가 지난 20년간 발전시켜 온 과학통신기술을 경험할 때마다, 이 진보가 우리에게 희망을 주었으며 미래에도 계속 전해 줄 수 있을 것이라는 장밋빛 환영에 취해 있는지도 모릅니다. 이 겉 포장지에서 사람들은 삶의 이유를 찾고 있습니다. 하지만 인류가 심령 깊은 곳에서부터 터뜨려내는 정직한 고백은 사뭇 다릅니다. 발전과 진보에 반비례하여 오히려 인간 내면의 황폐화는 더욱 가속화되고 있는 것을 봅니다. 외형적 발전은 이루어졌고 화려해졌지만 죄가 뿜어내는 끔찍한 악취와 배설물로 지구촌은 신음하고 있습니다.

그런데 우리에게 확인사살과도 같은 더 깊은 아픔이 있습니다. 이 절망과 소외의 시대 속에서 지혜의 말씀을 들려줄 아비와 같은 스승이 없다는 현실입니다. 그 어떤 현인이나 성인도 이 '헛된'

세상에 대한 해결책과 지혜를 주지 못했습니다. 그들도 그저 한 사람의 피해자로서 이 세상을 보며 한탄하였을 뿐입니다. 희망을 말하는 것처럼 보였지만, 그저 절망을 해결할 수 없는 공허한 이야기일 뿐이었습니다.

전도서의 시작점도 이 세상의 모습과 다르지 않습니다. 세상의 헛됨과 인간의 절망을 고발합니다. 인생에 대한 절망적인 견해를 숨기지 않고 적나라하게 드러냅니다. 전도서를 읽을 때마다 우리는 저자의 탄식에 한숨을 내쉬며 고개를 끄덕이게 됩니다. 그러나 전도서는 깊은 고뇌와 절망을 늘어놓는 것에서 멈춰 서지 않습니다. 절망이라는 감각세계 배후에 있는 하나님의 주권적 통치하심에 대한 분명한 인식이 있습니다. 이 세상이 모순과 절망으로 가득한 부정한 세상일지라도, 선하신 하나님께서 긍정의 방식으로 통치하고 계심을 드러냅니다. 더불어 절망과 모순이 분명히 실재하듯 하나님이 사랑하는 백성들에게 주시는 희망도 변함없이 실존함을 보여줍니다.

모든 끝은 시작이다

저는 새롭게 부름 받은 삼일교회에서 주일 낮 설교의 첫 강해 설교를 위하여 전도서를 선택했습니다. 전도서를 선택한 의도는 전도서 자체가 갖는 메시지에 있습니다. 청년 세대가 가치관의 혼란과 절망으로 몸살을 앓고 있는 이때에 전도서의 지혜가 바른 삶에 대한 기준선을 제시해 주기를 바라는 마음에서였습니다. 전도자는 우리가 이제 모두 끝이라고 절망하는 순간에 다시 시작할 수 있는 길을 열어 줍니다. 그래서 전도서를 한 마디로 요약하면 '절망 속에서 더욱 빛나는 희망'이라고 말하고 싶습니다. 부족한 담임 목회자의 설교 강단을 좋은 청중으로서 섬긴 삼일교회 성도들과 청년들에게 감사의 말을 전합니다. 부디 삼일교회에서 설교한 이 희망의 메시지가 이 책을 읽는 한국 교회 성도들에게도 같은 깊이와 무게로 고스란히 전달되기를 바랍니다.

2013년 5월
삼일교회 목양실에서
송태근

차례

PART 1

해아래의 삶 인생의 절망 앞에 서다

모든 끝은 시작이다

PART 1

해아래의 삶

인생의 절망 앞에 서다

해 아래에서 수고하는 모든 수고가
사람에게 무엇이 유익한가

전도서 1:3

1장

무엇이 유익한가

솔로몬은 평생에 책을 세 권 썼습니다. 가장 젊을 때, 손에 땀이 있고 기운이 있을 때 쓴 책이 아가서입니다. 아가서는 남녀 간의 사랑을 사실적이며 구체적으로 묘사합니다. 식었던 사랑이, 잊었던 사랑이 다시 돌아오는 등 아주 뜨거운 내용이 많습니다. 그러나 아가서는 단순히 남녀 간의 농도 짙은 사랑을 담은 책이 아닙니다. 솔로몬이 젊을 때 술람미 여인과 나누었던 뜨거운 애정을 묘사했지만, 이는 남녀 간의 단순한 애정을 말하고 있지 않습니다. 궁극적으로 신부인 교회와 신랑인 그리스도가 어떤 관계이며 장차 어떻게 만나고 어떤 사랑을 이루어 갈 것인가를 예고하는 계시적 성격이 강한 책입니다.

두 번째 책은 잠언서입니다. 이제 솔로몬은 장년이 되어 가장 높은 자리에 앉아 세상을 호령하는 위치에 섰습니다. 인생의 실질적인 전성기를 맞이한 것입니다. 잠언서는 그때 그 경험 속에서 하나님이 주신 계시의 말씀을 담은 책입니다. 잠언서의 어조는 굉장히 직설적입니다. 단도직입적으로 말합니다. "이렇게 하면 망한다, 이렇게 하면 패가망신한다, 이렇게 하면 죽는다" 등 에둘러 표현하는 법이 없습니다.

마지막으로 쓴 책이 우리가 살펴볼 전도서입니다. 나이가 더 들어 솔로몬은 노년을 맞습니다. 인생의 시간이 서산에 지는 해처럼 끝자락에 머물 즈음이면 누구나 지나온 세월을 돌아보게 됩니다. 솔로몬도 그랬습니다. 청년의 시절을 돌아보고 인생의 절정기를 회상했습니다. 많은 후회와 회한이 남았습니다. 그래서 어느 시기보다 절절한 마음으로 쓴 책이 전도서입니다.

'전도서' 하면 보통 '헛되다'라는 주제를 떠올립니다. 그래서 읽어 보기도 전에 솔로몬이 나이 들어서 인생을 곱씹으며 후회한 것들을 그저 넋두리처럼 기록한 책이 아닌가 오해하는 분들도 있습니다. 전도서는 솔로몬이 노년에 쓴 책인 것은 맞습니다. 하지만 내용을 가만히 들여다보면 뜻밖에도 젊은이들을 향해 쓴 책입니다. 전도서의 저술 목적과 대상은 분명 청년들입니다. 전도서는 청년 시절을 어떻게 살아야 후회가 없는지를 말해 주는 굉장히 중요한 책입니다. 청년들에게 시행착오를 겪으며 실수하지 않도록 길잡이 역할을 해 줍니다.

헛되고 헛되니 모든 것이 헛되도다

전도서에서 솔로몬은 크게 세 가지 주제를 이야기합니다. 첫째, 인생은 헛되다는 것입니다. 둘째, 인생은 불확실하다는 것입니다. 셋째, 인생은 무의미하다는 것입니다. 차례대로 살펴보겠습니다.

솔로몬의 깨달음1, 인생은 헛되다

솔로몬이 인생을 살아 보니, 참 허무하다는 것을 깨닫습니다. 전도서 1장 2절을 보면 '헛되다'라는 말이 무려 다섯 번이나 등장합니다. 솔로몬이 '헛되다'를 얼마나 강조하고 있는지를 알게 하는 구절입니다.

> "전도자가 이르되 헛되고 헛되며 헛되고 헛되니 모든 것이 헛되도다"(전 1:2).

그렇다면 '헛되다'라는 말이 어떤 뜻일까요? '헛되다'의 영어식 표현은 'vanity'입니다. 이 단어는 라틴어에 어원을 두고 있는데, 그 뿌리를 찾아보면 두 가지 의미가 있습니다. 첫째, '잡았는데 바람 같더라'는 뜻입니다. 인생을 살면서 무언가를 확신하며 '이거다' 하고 잡았는데, 손을 펴 보니 남은 게 아무것도 없다는 말입니다. 둘째, '거울에 비친 나'라는 뜻입니다. 거울을 꺼내 자신을 한 번 비춰 보십시오. 거울에 분명 실체가 보입니다. 이목구비가 뚜렷한 얼굴이 보입니다. 평면적인 그림이 아닙니다. 앞과 옆, 뒤가 다 있습니다. 그런데 실수로 거울이 깨졌습니다. 거울 속의 실체는 어떻게 됩니까? 거울과 함께 와장창 깨집니다. 결국 '거울에 비친 나'는 허상이었던 것입니다. 전도자는 실체인 줄로만 알았던 인생이 결국 허상이었음을 깊이 깨닫게 된 것입니다.

여기서 우리가 놓치지 말아야 할 것은 '누가 말하고 있는가' 하는 것입니다. 예를 들어 봅시다. 쥐뿔도 없는 친구가 "돈? 그거 아무것도 아니야" 하면 갸우뚱할 것입니다. 돈도 제대로 만져 보지 못한 주제에 저런 말하는 것을 보고 있자니 한심할 수도 있습니다. 그런데 우리나라 재벌 총수가 "돈이요? 그거 아무것도 아닙니다"라고 말하면 어떨까요? 권력에 대해서도 마찬가지입니다. 전직 대통령이 권력에 대해 "그거 참 안개 같은 겁니다. 아침에 해가 솟으면 싹 사라지는 것과 같지요"라고 말했다면 어느 정도 수

모든 끝은 시작이다

궁이 갈 것입니다. 그런데 동네 이장이 그렇게 말하면 지나가는 사람도 피식 웃고 말 것입니다.

그런데 전도서 말씀에 누가 "헛되도다"라고 말합니까? 바로 솔로몬이 합니다. 솔로몬이 누구입니까? 엄청난 부와 명예를 누렸던 사람입니다. 성경에 따르면 당대 최고의 지혜자입니다. 가지고 싶은 것은 모두 가질 수 있던 사람입니다. 그런 사람이 이렇게 말했다면 수긍을 하는 게 맞습니다. 그 길의 끝을 경험한 자의 진실된 고백이기 때문입니다. 인생이란 게 실체인 줄 알았는데 잡아보니 바람 같고 또 그냥 무너지더라는 말입니다. 바로 이것이 '헛되다'라는 말의 의미입니다.

솔로몬의 깨달음2, 인생은 불확실하다

솔로몬의 두 번째 깨달음은 인생이란 불확실하다는 것입니다. 예측대로 되는 게 없다는 말입니다. 미래학자들이나 경제학자들이 이런저런 예측들을 합니다. 어쩌다가 한두 개는 맞겠지만 예측대로 움직이지 않는 게 세상입니다. 성경에서 특히 사도행전은 굉장히 역동적인 책입니다. 그런데 가만히 읽어 보십시오. 인간이 의도하고 계획해 이루어진 일들은 거의 없습니다. 모두 성령님이 주도하십니다. 인간은 등 떠밀려 가다가 하나님의 뜻이 이루어지는 것을 목격합니다. 이것이 사도행전의 전반적인 흐름입니다. 사도행전은 바울의 이야기도, 믿음의 여정도 아닙니다. 그야말로 성령이 주도하시는 책입니다. 하나님의 이야기입니다. '하나님이 어떤 분인가'와 '그분이 인간의 구원을 위해 어떤 일을 행하시는가'라는 두 가지 주제를 초점으로 하여 일관되게 설명합니다. 솔로몬은 노년에 이것을 깊이 깨달았습니다. 인간의 뜻대로 이루어지지 않는 것이 인생입니다.

솔로몬의 깨달음3, 인생은 무의미하다

마지막 세 번째, 솔로몬은 인생이 참 무의미하다는 것을 깨닫습니다. 전도서 1장 8절을 봅니다.

"모든 만물이 피곤하다는 것을 사람이 말로 다 말할 수는 없나니 눈은 보아도 족함이 없고 귀는 들어도 가득 차지 아니하도다"(전 1:8).

여기서 주목해야 할 단어가 '피곤하다'는 표현입니다. 아무 상관없는 사람과 몇 시간을 같이 보내고 나면 그 피로감이 엄청납니다. 그런데 열렬하게 사모하고 좋아하는 사람과 함께 있으면 어떻습니까? 그야말로 7년을 하루같이 지낼 수 있습니다. 그것이

야곱이 사랑하는 아내를 얻을 수 있었던 비밀입니다. 사랑이 개입되면 그런 일이 일어납니다. 성경의 증언입니다.

그런데 솔로몬은 "모든 만물이 피곤하다"라고 말합니다. 여기서 '피곤하다'는 말은 곧 '무의미하다'는 뜻입니다. 단테의 『신곡』(*La Divina Comedia*)을 보면, 지옥문에 이런 글귀가 새겨져 있다고 설명합니다. "이 문으로 들어오는 자, 모든 희망을 버려라." 지옥이라고 하면 떠오르는 첫 번째 이미지가 무엇입니까? 바로 고통입니다. 지옥은 정말 고통스러운 곳입니다. 하지만 육체적인 고통은 고통의 일면일 것입니다. 정말 지옥이 고통스러운 이유는, 거기에 의미가 없기 때문입니다. 의미가 없다는 것만큼 사람을 미치게 하는 게 없습니다.

그리스 신화를 보면 이런 장면이 나옵니다. '시시포스' 왕이 가파른 언덕으로 돌을 굴려 올리라는 형벌을 받습니다. 그런데 애써 올린 돌을 다시 아래로 떨어뜨립니다. 그리고 또다시 돌을 힘들게 굴려 올리게 합니다. 이런 작업을 하루 종일 그리고 영원히 반복시킵니다. 아무 의미가 없는 일을 하는 겁니다. 노동의 양이 많아서 힘든 게 아닙니다. 그보다 아무 의미 없는 일을 반복한다는 것이 사람을 미치도록 힘들게 합니다. 한때 러시아에서는 낮이면 죄수들을 벌판으로 불러내어 곡괭이로 언 땅을 파게 했습니다. 러시아가 얼마나 추운 곳입니까? 꽁꽁 얼어붙은 땅을 한 번 파려면 얼마나 힘든지 모릅니다. 그런데 실컷 파고 나면 다시 흙으로 덮으라고 하고, 다 덮으면 또 다른 곳을 파라고 합니다. 그리고 다시 묻으라고 합니다. 이 작업을 반복합니다. 이런 과정을 겪으면서 많은 죄수들이 죽어 갔다고 합니다. 힘들어서라기보다 의미 없는 일을 해야 했기 때문입니다.

사람은 의미를 찾지 못할 때 힘듭니다. 한 마디로 미칩니다. 일터가 육체를 지탱하기 위한 밥벌이 정도밖에 되지 않는다면, 누구든 견디기 힘듭니다. 바로 여기 8절에서 '피곤하다'는 말은 '의미가 없다'는 말입니다. 솔로몬이 인생을 살아 보니, 이런저런 것을 경험해 보니, 아무 의미가 없더라는 말입니다. 솔로몬은 평생에 걸쳐 이 세 가지를 깨달았습니다.

해 아래 유익한 것이 무엇인가

그렇다면 인생에 대해 깨달은 솔로몬은 오늘 우리에게 어떤 질문을 던집니까? 오늘날 특히 젊은 세대에게 솔로몬은 중요한 질문을 넌지시 던집니다.

'유익하다'는 단어는 성경 전체에서 이곳에만 유일하게 나오는 표현입니다. '무엇이 유익한가?'라는 질문은 다시 말해 '무엇이 남는가?'라는 뜻인데, 좀 더 영적으로 표현하자면 '무엇이 영원한가?'입니다. 인생을 살아 보니 모든 것이 불확실하고 모순 투성이입니다. 무의미할 뿐입니다. 그렇다면 세상에서 과연 무엇이 바람 같지 않고 무의미하지 않고 영원히 남을 수 있을까요? 이것이 바로 솔로몬이 지금 우리에게 던지는 질문이자 도전입니다.

해 아래 영원한 것은 과연 무엇입니까? 감사하게도 성경에서 그 답을 찾을 수 있습니다. 앞으로 성경에서 세 군데를 찾아 확인해 볼 것입니다.

영원한 것1, 예수 그리스도

첫 번째 답은 히브리서에서 찾을 수 있습니다. 히브리서 13장 8절을 보겠습니다.

성경은 우리의 소망이신 예수 그리스도, 그분이 영원하다고 증언합니다. 놀랍게도 전도서는 그리스도를 바라보게 합니다. 전도서야말로 가장 복음서로 향하게 하는 구약의 책입니다. 구석구석에 오실 메시야를 향한 기다림이 얼마나 짙게 묘사되어 있는지 모릅니다. 무엇이 영원합니까? 바로 예수 그리스도이십니다. 이 사실을 인정하며 믿고 나아가길 바랍니다.

영원한 것 2, 하나님의 말씀

해 아래 영원한 것, 두 번째는 무엇일까요? 마태복음 24장을 보십시오.

"천지는 없어질지언정 내 말은 없어지지 아니하리라"(마 24:35).

바로 하나님의 말씀입니다. 하나님의 말씀 자체가 밑도 끝도 없이 영원하다는 말이 아닙니다. 이 말에 담긴 진짜 의미는, 하나님이 약속하신 내용은 반드시 성취되어 영원할 것이라는 뜻입니다. 하나님의 언약은 영원히 성취될 것입니다. 또 완전히 성취될 것입니다. 하나님의 말씀이 영원하다는 말은 바로 이런 의미입니다.

모든 끝은 시작이다

영원한 것 3, 하나님의 뜻을 행하는 자

해 아래 영원한 것, 세 번째는 무엇일까요? 요한일서 2장을 보십시오.

> "이 세상도, 그 정욕도 지나가되 오직 하나님의 뜻을 행하는 자는 영원히 거하느니라"(요일 2:17).

세상도 정욕도 모두 지나갑니다. 그런데 놀랍게도 오직 하나님의 뜻을 행하는 자는 영원하다고 말씀합니다.

하나님의 뜻이란 무엇일까

여기서 질문이 하나 생깁니다. '하나님의 뜻을 행하는 자'란 어떤 사람일까요? 과연 '하나님의 뜻'이란 무엇일까요? 성경은 하나님의 뜻을 어떻게 정의하는지 살펴보겠습니다. 요한복음 6장 40절입니다.

> "내 아버지의 뜻은 아들을 보고 믿는 자마다 영생을 얻는 이것이니 마지막 날에 내가 이를 다시 살리리라 하시니라"(요 6:40).

예수님이 하신 말씀입니다. 예수님만큼 아버지의 마음을 잘 아는 분이 또 있을까요? 성경은 예수님을 본 자는 아버지를 본 것이라고 말합니다. 당연히 아버지의 마음과 계획은 그의 본체이신 아들 예수 그리스도가 제일 잘 알 것입니다.

하나님의 뜻을 행하는 자는 영원할 것이라고 약속했는데, 하나님의 뜻이 무엇입니까? 예수님이 정답을 주십니다. 즉 "아버지의 뜻은 아들을 보고 믿는 자마다 영생을 얻는 것"이라고 말씀하십니다. 여기서 아들은 누구입니까? 바로 예수님 자신입니다. 아들 곧 예수님을 믿고 모든 사람들이 영생을 얻는 것이 바로 아버지 하나님의 뜻입니다. 그 뜻에 순종하고 행하는 자는 영원할 것입니다.

한편, 영생을 얻어야 구원을 받는다는데, 과연 영생은 무엇입니까? 성경에서 답을 찾아봅시다. 요한복음 17장 3절입니다.

"영생은 곧 유일하신 참 하나님과 그가 보내신 자 예수 그리스도를 아는 것이니이다"(요 17:3).

참으로 명쾌하게 답을 줍니다. 영생은 무엇입니까? 유일하신 참 하나님과 그 보내신 자 아들 예수 그리스도를 아는 것이 바로 영생입니다. 믿는 것보다 더 중요한 말은 '아는 것'입니다. 아는 것이라는 말은 그분과 교제하는 친밀한 관계를 말합니다. "너희가 내 안에, 내가 너희 안에"(요 14:20) 있는 것이 바로 아는 것입니다. 우리가 그리스도 안에, 그리스도가 우리 안에 있으면서 서로 영원한 교제를 나누는 것이 바로 영생입니다. 바로 그 영생을 얻는 것이 하나님의 뜻입니다. 하나님은 모든 사람들이 영생을 얻기 원하십니다. 모든 사람들이 영생을 얻는 것이 하나님의 계획이요, 뜻입니다. 하나님은 이 일을 위해 아들 예수 그리스도를 보내셨습니다. 또한 예수님은 이 일을 위해 우리를 세상에 보내셨습니다.

잊지 말기 바랍니다. 인생에서 영원한 것은 세 가지입니다. 첫째, 우리 주 예수 그리스도입니다. 둘째, 하나님의 말씀입니다. 단순한 언어로서의 말씀이 아니라 그분의 언약과 약속이 완전히 성취될 것이라는 의미입니다. 셋째, 하나님의 뜻을 행하는 자입니다.

어떻게 살아야 할 것인가

솔로몬이 우리에게 던진 질문과 성경의 답을 곰곰이 묵상해 봅니다. 우리는 무엇이 영원한지를 알았습니다. 그렇다면 이제 이 땅에 남겨진 자로서 어떻게 살아야 할까요?

그 답을 솔로몬은 기가 막힌 곳에 슬쩍 감추어 두었습니다. 영국 속담에 "열쇠는 대문 가까이에 두는 법이다"라는 말이 있습니다. 거의 모든 집에서 열쇠로 문을 잠그고 다니던 시절, 식구들만 아는 은밀한 곳에 열쇠 하나를 두고 사용했습니다. 저 역시 어머니가 "담벼락 밑 셋째 구멍에 돌 하나가 보일 게다. 그 아래에 열쇠를 숨겨 둘 테니 학교 갔다 오면 문 열고 들어가라"고 당부하시곤 했습니다. 중요한 열쇠는 이처럼 문 가까이에 감춰 두는 법입니다. 우리가 오늘 찾아야 할 키워드(Key word)도 바로 대문 가까이에 있습니다. 전도자는 무엇이 영원히 남는가, 무엇이 유익한가를 묻습니다. 그리고 대문 가까이에 키(Key)를 놓아 두었습니다. 바로 1장 1절 말씀입니다.

"다윗의 아들 예루살렘 왕 전도자의 말씀이라"(전 1:1).

솔로몬은 자신을 세 가지로 설명합니다. 첫째, 다윗의 아들입니다. 둘째, 예루살렘의 왕입니다. 셋째, 전도자입니다. 여기서 전도자 곧 '코헬렛'이라는 말은 두 가지 의미를 합한 개념입니다. '회중을 불러 모으다'라는 뜻과 '회중에게 선포하고 말하다'라는

모든 끝은 시작이다

뜻입니다. 그런데 이 부분에 대한 번역이 조금 아쉽습니다. 원전인 히브리어를 보면 순서가 정확하게 바뀌어 있습니다. 제일 처음에 '전도자'가 등장합니다. 히브리 사람들은 중요한 순서대로 이름 앞에 수식을 썼습니다. 따라서 원전에서 단어의 순서를 살펴보는 것은 중요합니다.

솔로몬은 제일 먼저 자신을 '전도자'라고 소개합니다. 인생을 살고 보니, 다윗의 아들이라는 사실도 중요하고 예루살렘 왕으로 산 것도 의미가 있었으나, 전도자로 사는 것이 가장 의미 있었다는 말입니다.

우리도 때로 휴가를 내고 시간을 내서 선교나 전도에 집중합니다. 선교 여행에 휴가를 전부 투자한다는 것 자체도 참 쉬운 일이 아닙니다. 그런데 여기서 멈추면 안 됩니다. 솔로몬은 어느 한 시점에만 전도자로 산 것이 아닙니다. 전 생애를 통해 자신을 전도자라고 소개합니다. 왕이나 다윗의 아들이기 전에 그는 먼저 전도자로서 자신을 소개하고 싶었던 것입니다. "나는 하나님 앞에서 전도자였다"라고 떳떳이 밝힌 것입니다. "전도자로서의 삶이 내 인생에 가장 남는 것"이라는 고백입니다. 그렇다고 "직장을 다 그만두고 모두 신학을 하든 오지로 떠나라"는 말이 아닙니다. 우리의 일터에서 전도자로서의 삶을 살라는 것입니다.

경찰청에 근무하시는 한 집사님이 있었습니다. 그분이 전남 경찰청장으로 근무하실 때 전화가 왔습니다.

"목사님, 시간 되실 때 이곳에 한 번 내려오세요."

"성도가 부르는데 목사가 가야지요."

얼마 후 그곳에 갔더니 이 집사님은 긴 복도를 따라 길을 안내했습니다. 굉장히 낡은 청사 안 복도 구석에 아담한 예배당이 있었습니다. 깜짝 놀라서, 어떻게 청사 안에 예배당이 있는지 여쭸습니다. 그분 말씀이 이랬습니다.

"부임하자마자 '어디 기도할 곳이 없을까?' 하고 여기저기 찾아다니는데 마침 청소 도구들을 엉망으로 모아 둔 조그마한 공간을 발견했습니다. 그곳을 깨끗이 치운 그날 이후, 점심시간마다 그곳에 들러 혼자 엎드려 기도했습니다. 그런데 점심시간마다 청장인 제가 없어지니까 부하 직원들이 살피기 시작했습니다. 그러다 제가 기도한다는 사실을 알고는, 예수 믿는 직원들이 슬금슬금 따라 나와 기도를 시작한 것입니다. 이 모임이 자연스럽게 점심 기도회가 되고 예배가 되어 결국 예배당까지 만들게 되었습니다. 예수 믿는 직원들이 기도 모임으로 거룩한 변화를 맛보기 시작하자, 청사 분위기가 얼마나 뜨겁고 온화하고 좋은지요. 우리 스스로도 매우 놀랐습니다."

모든 끝은 시작이다

그때 그분 고백이 생생합니다.

"목사님! 저는 여기 경찰 총수로 온 게 아닙니다. 전도자로 왔습니다. 저는 이 사람들에게 무언가를 강요하지 않습니다. 다만 기도함으로 이곳에 있는 직원들이 예수님을 만나 구원받고, 은혜 입기를 바랄 뿐입니다. 이 일에서 참된 보람과 의미를 찾습니다."

1. 헛되고 무의미한 것에 소망을 두지 마십시오.

노년의 때에 솔로몬은 젊은이들을 향해 어떻게 인생을 살아야 하는지를 알려 주고자 전도서를 썼습니다. 세상의 부귀영화를 모두 누려 본 그의 고백은 놀랍게도 '헛되다' 입니다. 인생은 바람과 같아서 손으로 잡으려고 아무리 애를 써도 남는 것이 하나도 없는 허무함을 안겨 줍니다. 거울에 비친 내 모습처럼 허상일 뿐입니다.

2. 영원한 것을 좇아 사십시오.

인생의 무의미함과 헛됨을 깨달은 솔로몬은 우리에게 질문합니다. "사람에게 무엇이 유익한가?" 이는 곧 "우리에게 남는 것이 무엇인가, 영원한 것이 무엇인가?"라는 질문입니다. 성경에 그 답이 나와 있습니다. 첫째, 우리의 소망이신 예수 그리스도만이 영원하십니다(히 13:8). 둘째, 하나님의 말씀이 영원합니다(마 24:35). 셋째, 하나님의 뜻을 행하는 자는 영원합니다(요일 2:17).

3. 전도자의 삶을 사십시오.

우리는 어떻게 살아야 합니까? "다윗의 아들 예루살렘 왕 전도자의 말씀이라"(전 1:1). 이 부분을 원어로 보면 솔로몬은 가장 먼저 자신을 '코헬렛', 곧 '전도자' 라고 소개합니다. 다윗의 아들이기 전에, 예루살렘의 왕이기 전에, 전도자임을 밝힙니다. 우리의 삶은 어떤지 돌아봅시다. 각자 삶의 자리에서 모든 사람들이 하나님과 예수 그리스도를 알도록 전도자로서 살아야 할 것입니다. 그것이 바로 우리가 하나님의 뜻을 행하여 영원히 사는 길입니다.

1. 인생이 헛되다는 솔로몬의 고백이 가슴에 와 닿은 적이 있습니까?
   이유가 무엇입니까?

2. 성경에서 말하는 영원한 것을 마음에 다시 새겨 봅시다. 혹시 잊고
   지낸 것이 있습니까?

3. 삶의 현장에서 나는 무엇을 좇으며 살고 있습니까? 헛된 것입니
   까? 영원한 것입니까?

4. 전도자로서 살고 있습니까? 전도자로서 살 수 있었던 계기가 있습
   니까? 아니면 전도자로서 살지 못하고 있는 이유는 무엇입니까?

나 전도자는 예루살렘에서 이스라엘 왕이 되어
마음을 다하며 지혜를 써서 하늘 아래에서
행하는 모든 일을 연구하며 살핀즉 이는 괴로운 것이니
하나님이 인생들에게 주사 수고하게 하신 것이라
내가 해 아래에서 행하는 모든 일을 보았노라
보라 모두 다 헛되어 바람을 잡으려는 것이로다
구부러진 것도 곧게 할 수 없고 모자란 것도 셀 수 없도다
내가 내 마음 속으로 말하여 이르기를
보라 내가 크게 되고 지혜를 더 많이 얻었으므로
나보다 먼저 예루살렘에 있던 모든 사람들보다
낫다 하였나니 내 마음이 지혜와 지식을
많이 만나 보았음이로다 내가 다시 지혜를 알고자 하며
미친 것들과 미련한 것들을 알고자 하여 마음을 썼으나
이것도 바람을 잡으려는 것인 줄을 깨달았도다
지혜가 많으면 번뇌도 많으니 지식을 더하는 자는
근심을 더하느니라

전도서 1:12–18

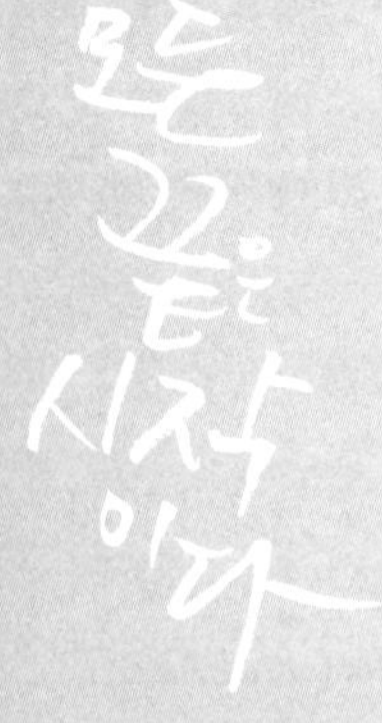

2장

지성의 산을 향한 등정

근래 한창 유행했던 소위 '맘춤'은 20-30년 전 우리 세대들이 대학 시절에 추던 춤입니다. 많은 젊은이들이 열광하는 것을 보면서 유행이란 돌고 돈다는 사실을 새삼 깨닫습니다. 잘 살펴보면, 옷이나 넥타이, 가방 등도 잊을 만하면 유행이 돌아오곤 합니다. 그래서 가끔 성도들에게 우스갯소리를 합니다. "애써 유행 따라가지 마세요. 지금 가진 걸로 버티는 게 유행을 선도하는 길입니다." 재미나게도 솔로몬이 비슷한 이야기를 합니다. '유행 따라(?) 열심히 살았는데, 헛된 것이었다.' 이런 류의 고백입니다.

십여 년 전에 『성공하는 사람들의 일곱 가지 습관』(*The 7 Habits of Highly Effective People*)이라는 책으로 유명한 스티븐 코비 박사가 내한한 적이 있습니다. 당시 여러 기관장들과 CEO들을 대상으로 강의를 하는데, 분위기가 너무 무거웠던 모양입니다. 분위기를 전환하려는 의도에서 청강자들에게 이런 요청을 했습니다. "모두 눈을 감으십시오. 그리고 자기가 생각하는 정북 방향으로 빨리 의자를 고쳐 앉으십시오." 의자 움직이는 소리에 잠시 소란스럽다가 조용해지자 코비 박사는 "모두 눈을 떠서 정북 방향을 확인하시기 바랍니다"라고 말했습니다. 무슨 일이 벌어졌을까요? 모두들 박장대소했습니다. 서로 마주 보고 앉은 사람, 벽 보고 앉은 사람, 문 쪽을 향해 앉은 사람…. 가령 백 명이 있었다면, 백 개의 의자가 백 가지 방향으로 향해 있었던 것입니다. 코비 박사가 말했습니다. "큰일났습니다. 정북 방향이 너무 많은데요? 어떻게 할까요? 다수결로 결정할까요?" 누가 봐도 다수결로 결정할 수 없는 문제지요. 자신이 확신하여 정의 내리고 고집스럽게 주장한 바가 얼마나 허무맹랑할 수 있는지를 재미나게 알려 준 실험이었습니다. 순식간에 근엄한 분위기가 깨진 것은 두말할 필요가 없겠지요. 솔로몬의 깨달음도 이와 비슷합니다. '열심히 산을 정복했는데 바람같이 손에 잡히는 게 없더라'는 깨달음 말입니다.

솔로몬의 목마름, 지성의 산을 끝까지 올라가다

솔로몬은 예루살렘 왕이 되어 기나긴 인생의 순례를 떠납니다. 그 과정 중 하나는 지성의 욕구를 충족시키는 순례입니다. 솔로몬이 지성의 산을 등정한 소회(所懷)가 어떤지 살펴보겠습니다.

솔로몬은 지성의 욕구를 따라 평생 열심히 살았습니다. '지혜의 끝이 어디 있을까? 이 세상에 나보다 더 지혜로운 사람이 있을까?' 이런 목마름을 안고 지성의 정상을 향해 등정합니다. 전도서 1장 12-13절을 봅니다.

> "나 전도자는 예루살렘에서 이스라엘 왕이 되어 마음을 다하며 지혜를 써서 하늘 아래에서 행하는 모든 일을 연구하며 살핀즉 이는 괴로운 것이니 하나님이 인생들에게 주사 수고하게 하신 것이라"(전 1:12-13).

"마음을 다하고 지혜를 써서 하늘 아래에서 행한 모든 일을 연구했다"고 말합니다. 여기서 '연구했다'는 말은 "문제의 근원 끝까지 들어가 봤다"라는 뜻입니다. 학문을 대할 때 이런 태도는 참 중요합니다. 개인적으로 목회를 수십 년 하면서 세운 원칙 가운

35

데 하나가 "공부를 하되 문제의 근원을 알 때까지 공부하라"입니다. 여러 해 동안 여러 사람을 만나고 또 다양한 책과 논문을 읽으면서 안타까운 것이 있었습니다. 소위 '전문가'라는 분들 중에서도 지적 수준이 피상적인 단계에 머물러 있는 분이 많았습니다. 문제의 근원까지 내려가 보지도 않았으면서 버젓이 학생들을 가르치는 분들도 있습니다. 달달 외워서 습득한 지식만으로는 문제를 해결할 힘을 얻지 못합니다. 주어진 문제 외에 다른 질문을 받으면 답을 하기 힘듭니다. 그런 사람은 발전과 성장을 기대할 수 없습니다. 공부에 성장이 없다면, 공부 방법을 점검해야 합니다. 문제의 근원까지 들어가지 않고, 피상적으로 알고 외우는 것에만 급급한 사람은 절대 발전할 수 없습니다.

하지만 솔로몬은 이 공부의 원리를 이미 깨달은 사람입니다. 그는 연구하여 살폈습니다. 문제의 근원을 끝까지 살폈습니다. 그 결과가 어땠을까요? 1장 16절 말씀을 봅니다.

"내가 내 마음 속으로 말하여 이르기를 보라 내가 크게 되고 지혜를 더 많이 얻었으므로 나보다 먼저 예루살렘에 있던 모든 사람들보다 낫다 하였나니 내 마음이 지혜와 지식을 많이 만나 보았음이로다"(전 1:16).

모든 끝은 시작이다

16절을 쉽게 쓰자면 이렇습니다. "국내외의 모든 석학들, 곧 지혜자들을 찾아 모두 만나 보았다. '지혜 있다' 하는 사람치고 내가 겪어 보거나 논해 보지 않은 사람이 없다. 그런데 결론을 말하자면, 나보다 나은 사람이 없다."

솔로몬이 교만해서가 아닙니다. 객관적으로 판단하여 실제로 이런 결론을 내린 겁니다. 솔로몬은 하나님이 지혜를 준 사람입니다. 그래서 수천 개의 잠언도 쏟아 냈습니다. 당대에는 그의 지혜를 당할 자가 없었습니다. 즉 조류, 어류, 천체에 이르기까지 그 지식의 넓이와 깊이, 부피를 감당할 사람이 없었습니다. 솔로몬의 허황된 고백이 아니라 실제 사실입니다. 열왕기서도 보면, 각처에서 많은 사람들이 솔로몬의 지혜를 듣기 위해, 또 그와 논하기 위해 찾아옵니다. 그런데 그를 뛰어넘을 사람이 없더라는 말입니다. 참 대단한 사람입니다.

솔로몬의 깨달음, 바람을 잡으려는 것과 같다

우리는 보통 전문가들을 믿습니다. '전문가'라고 하면 적어도 자기 분야에 대해 이론적으로 정통할 뿐 아니라 오랜 시간을 거쳐 상당한 지식과 경험을 가진 사람들입니다. 경험뿐 아니라 이

론까지 탄탄하기 때문에 우리는 전문가들의 의견을 신뢰합니다. 그런데 아무리 대단한 전문가라고 해도 결국 한계가 있습니다. 교육 전문가들이 그렇게 많지만 우리나라 교육 문제는 여전히 오리무중입니다. 정계며 교계도 마찬가지입니다. 전문가들이 아무리 많아도 문제가 해결되지 않고 있습니다. 기가 막힐 노릇입니다.

혹시 날계란과 찐 계란을 구분하는 방법을 아십니까? 평평한 바닥에서 팽이 돌리듯 돌렸을 때 발딱 서는 계란이 찐 계란이라고 합니다. 왜 그럴까요? 궁금해서 찾아봤습니다. 놀랍게도 이를 연구한 논문까지 있었습니다. 내 지식으로는 도통 무슨 말인지 잘 이해할 수 없었습니다만, 이것을 연구한 사람이 있다는 사실에 매우 놀랐습니다. 그뿐입니까? 평생 쥐 주둥이만 연구한 사람도 있습니다. 세상에는 별의별 전문가들이 많습니다.

그러나 그런 전문가들 중에서 길 위의 시멘트를 뚫고 나온 잡초에 담긴 강렬한 생명력과 그 근원에 대해 답할 수 있는 사람이 있을까요? 또한 어느 미술가가 줄기에서 피어난 형형 색깔 찬란한 꽃들을 보고 색의 근원에 대해 답할 수 있을까요? 가끔 천체 전문가가 나와서 우주의 신비를 설명하는 것을 들어 보면 정말 놀랍습니다. 하늘에 보석을 뿌려 놓은 것 같은 엄청난 수의 별들이 오랜 세월 충돌 없이 힘의 균형을 이루며 팽팽하게 돌고 있습니다. 일단은 거리 비율과 역학 관계에 빗대어 논리적으로 설명합니다. 하지만 그 생명의 근본 기원으로 들어가보면 과학자들도 답을 하지 못합니다.

그러나 우리는 성경을 통해 그 답을 얻습니다. "태초에 하나님이 천지를 창조하시니라"(창 1:1). 바로 이 말씀입니다. 크리스천은 이 말씀을 알고 믿으며 또한 개인적으로 고백하는 자들입니다. 창세기 1장 1절은 크리스천에게 굉장히 중요한 신앙관과 세계관을 열어 주는 근거입니다. 이 말씀을 어떻게 받아들이고 내면화하느냐에 따라 인생을 바라보는 관점이 달라집니다. 세상 모든 기원은 그분에게서 출발하지 않으면 그 어떤 전문가도 답을 찾을 수 없습니다.

또한 세상의 지혜는 사람마다 시대마다 달라집니다. 결국 문제는 꼬여 가고 해답은 멀게만 보입니다. 세상이 그렇습니다. 목회자인 저도 마찬가지입니다. 근본을 찾아갈수록 한계에 부딪힙니다. 솔로몬의 고백도 그랬습니다. 그가 지성의 봉우리에서 내린 결론이 무엇인지 살펴보겠습니다.

"내가 다시 지혜를 알고자 하며 미친 것들과 미련한 것들을 알고 솔로몬은 지성의 산 정상에서 이렇게 고백합니다. "이것도 바람을 잡으려는 것인 줄을 깨달았도다." 바람을 잡는 것이 무엇입니까? 손으로 잡았는데 펴 보니 아무것도 없다는 겁니다. 앞 장에서 살펴보았던 '헛되다'는 말의 의미를 다시 한 번 기억하시기 바랍니다. 솔로몬은 전도서를 시작하면서 고백했습니다. "헛되고 헛되며 헛되고 헛되니 해 아래 모든 수고가 헛되도다." 여기서 '헛되다'는 '비었다', '거울에 비추인 나'라는 뜻이라고 했습니다. 실체인 줄 알았는데 거울이 깨지니 사라졌다는 말입니다. 손으로 잡은 줄 알았는데 아무것도 없다는 것입니다.

전도서 1장 17절의 앞부분을 다시 봅시다. "내가 다시 지혜를 알고자 하며 미친 것들과 미련한 것들을 알고자 하여." 표현이 조금 과격합니다. 세상의 지혜를 '미친 것들과 미련한 것들'이라고 표현합니다. 앞서 솔로몬은 "마음을 다하고 지혜를 써서 하늘 아래에서 행하는 모든 일을 연구하여 살폈다"라고 했습니다. "문제의 근원을 알 때까지 할 수 있는 시도는 다 해 봤다"는 말입니다. 다시 말해 솔로몬은 "내가 다 해 봤는데, 미친 짓이더라"고 고백한 것입니다.

끓어오르는 주전자 같은 광기의 세상

여기서 '미친 것'에 해당하는 히브리어 '하렐'은 '광기'라는 뜻입니다. 광기가 무엇입니까? '지독한 중독'입니다. 지금 세상은 커다란 광기에 붙잡혀 있습니다. 우리 사회를 보십시오. 거대한 용광로처럼 어떤 광기에 붙잡혀 있습니다. 더 큰 문제는 그 광기의 심각성을 못 느끼고 그대로 따라가고 있다는 것입니다. 마치 주전자 안의 개구리가 물이 서서히 끓어오르는데도 전혀 느끼지 못하고 그대로 죽어 가는 것과 같습니다. 우리 사회가 통째로 그런 위기에 처해 있습니다.

탤런트 이병헌 씨가 주연을 맡아 인기리에 방영된 드라마 "올인"은 실존 인물 이야기를 소재로 하여 제작되었다고 합니다. 실존 인물 차 모씨는 원래 프로 바둑 기사였습니다. 그런데 미국으로 이민을 가게 되고, 그 후 10년 만에 미국 카지노 업계의 1인자가 됩니다. 그러다 겜블러 생활을 그만두고 한국으로 다시 돌아와 책을 쓰고 학생들을 가르쳤습니다. 그분은 책이나 강연을 통해 '도박은 미친 짓'이라고 말합니다. 인간 심리가 도박판에 앉으면 꼭 돈을 벌 것 같다고 합니다. 물론 이겨서 돈을 딸 때도 있지만, 업계 쪽에서는 전혀 당황하지 않습니다. 도박이 갖는 중독성 때문에 대부분은 돈을 다 잃을 때까지 도박판을 떠나지 않기 때문입니다. 그만큼 중독은 무서운 것입니다.

세상은 도박판과 같이 굴러 가고 있습니다. 사람들은 그 속에서 점점 '미쳐' 갑니다. 왜 그렇게 광기에 붙들려 있을까요? 이유가 있습니다. 들어야 할 소리에 귀를 기울이기보다 듣고 싶은 소리에만 귀를 기울이기 때문입니다.

한 뉴요커 청년이 친구 인디언 청년과 함께 뉴욕 맨해튼 거리를 걷고 있었습니다. 맨해튼을 혹시 가 보신 분이라면 알겠지만 굉장히 소음이 많고 복잡한 도시입니다. 그런데 길을 가다가 인디언 친구가 "잠깐! 어디서 귀뚜라미 우는 소리가 들려!" 하고 말했습니다. 뉴요커 청년은 "대체 말이나 되는 소리니?" 하며 타박을 주었습니다. 그러나 인디언 청년은 분명히 들린다고 계속 말했고, 결국 두 청년은 그 소리를 따라 맨홀 뚜껑 앞에 이르렀습니다. 맨홀 뚜껑을 열어 보니 실제로 귀뚜라미들이 튀어 나왔습니다. 뉴요커 청년이 깜짝 놀라 물었습니다. "이 복잡한 소음 속에서 어떻게 이 소리를 들었니?" 인디언 친구가 대답했습니다. "듣고 싶은 소리에만 귀를 열어 놓으면 안 돼. 사람은 보통 들어야 할

모든 끝은 시작이다

소리를 듣는 게 아니라 듣고 싶은 소리만 듣곤 하지. 나는 사람이 들어야 할 소리를 들은 것뿐이야.”

설교 말씀을 듣고도 마찬가지 반응을 보이기 쉽습니다. 많은 분들이 설교를 듣고 은혜를 받았다고 고백합니다. 하지만 되짚어 봐야 합니다. 정말 은혜를 받는다는 것이 무슨 뜻입니까? 내 마음에 맞는 소리를 들었다는 말입니까? 내 입맛에 맞는 내용이었다는 말입니까? 아닙니다. 때로는 내 마음을 아프게 쑤시고 괴롭히는 것입니다. 내 심령을 뒤흔들어 삶이 바뀌는 것이 바로 은혜이고 부흥입니다. 그러나 많은 크리스천들이 '마음에 드는' 말씀을 들었을 때 '은혜 받았다'고 표현합니다. 듣고 싶은 소리만 듣는 인간의 속성 때문입니다.

만족함이 없이 계속되는 목마름

방송인이자 변호사로 활동하는 고승덕 씨의 인생 이야기가 아주 흥미롭습니다. 서울대 재학 중에 사법시험을 보았는데, 생각지도 못하게 최연소 합격자가 되었습니다. 그런데 공부의 의미가 별로 와 닿지 않더랍니다. 그래서 '그냥' 행정고시를 보았습니다. 이번엔 수석으로 합격했습니다. 그 다음에 또 '그냥' 외무고시를 보았습니다. 차석으로 합격했습니다. 그는 서울대를 수석으로 졸업한 뒤 예일 대학교와 하버드 대학교 로스쿨에서 석사 과정을 마치고 국제 변호사가 되었습니다. 그 후 세계적인 법률 회사에 들어가 일을 합니다. 마침내 컬럼비아 대학교 로스쿨에서 법무학 박사 학위를 받습니다. 그런데도 그는 가슴 한복판에 메워지지 않는 갈증을 느낍니다. '이게 인생의 끝인가?' 하는 생각이 들었답니다. 그래서 찾아간 곳이 '절'입니다. '불교에 한번 심취해 보자!' 하는 마음에 강남 한복판에 있는 봉은사를 찾아갔다고 합니다. 그러나 목마름이 해결되지 않더랍니다. 그때 누군가의 권유로 신약 성경을 읽게 되었습니다. 그런데 놀라운 일이 생겼습니다. 바로 성경에서 생수를 발견한 것입니다. "내가 곧 길이요 진리요 생명이니 나로 말미암지 않고는 누구든지 아버지께로 올 자가 없느니라"(요 14:6). 바로 예수 그리스도를 만난 것입니다. 그는 자서전과 같은 책 『포기하지 않으면 불가능은 없다』에서 "비로소 평생 영원한 보금자리를 만났다"고 고백합니다.

인간은 지성의 산을 아무리 열심히 올라도 그 영혼의 갈증을 풀 수 없습니다. 끝없는 도전은 아름답고 훌륭하지만 그 정상에 올라가 본 사람의 소회는 '바람과 같더라'는 것입니다.

로마의 어느 대학에 가면 대강당의 한 벽면에 '그 다음에는?'

모든 끝은 시작이다

이라는 문구가 붙어 있습니다. 이 문구에 얽힌 오래된 사연이 있습니다. 어느 신입생이 입학을 했는데, 공부를 계속할 돈이 없었습니다. 고민을 하다 결국 사방에 호소의 편지를 띄웁니다. "도와주시면 졸업해서 꼭 사회에 기여하는 훌륭한 사람이 되겠습니다." 아무 데서도 답이 없어 포기를 하려는데, 그때 마침 어느 귀부인이 도와주겠다는 답을 보내 옵니다. 그 학생은 한걸음에 달려갔습니다. 정말 자태가 우아한 귀부인이었습니다. 이 귀부인은 공부를 마치기에 충분한 돈을 건넵니다. 얼마나 기적 같은 일입니까? 학생이 허리를 굽혀 감사를 전합니다. 꼭 좋은 성적으로 졸업하여 사회에 기여하는 사람이 되겠다고 약속을 합니다. 그리고 돌아 나오려는데, 귀부인이 묻습니다. "잠깐만, 학생! 그 돈을 가지고 가서 꼭 등록할 거죠?" 당연하다는 듯 학생이 대답합니다. "네, 등록할 겁니다." 귀부인의 질문이 이어집니다. "등록한 다음 어떻게 할 거죠?" "약속한 대로 열심히 공부 하겠습니다!" "그 다음에는요?" "그 다음엔 우수한 성적으로 졸업해서 좋은 직장에 취직하겠습니다!" "네, 좋은 계획이군요. 그럼 그 다음에는요?" "저도 젊으니까 가정을 이뤄야 되겠죠? 아름다운 여인을 만나 건강하고 행복한 가정을 이룰 겁니다." "참 행복한 계획이군요. 그 다음에는요?" "그 다음엔 성실히 일해서 승진도 하고 돈도 모아 약속한 대로 사회에 기여하고 저처럼 어려운 학생들을 돕고 싶습니다. 반드시 약속을 지키겠습니다. 참 고맙습니다." "꼭 그렇게 되기를 바랍니다. 그리고 다음에는요?" 이상하게도 귀부인의 질문이 계속됩니다. "그 다음에는요?" 학생이 계속 답을 하다가 결국 말이 막힙니다. "그 다음에는… 저도 언젠가 늙겠죠?" "그 다음에는요?" 결국 마지막 대답은 "죽겠죠!" 그때 귀부인은 이렇게 답합니다. "맞아요. 인간은 누구나 죽습니다." 귀부인은 신앙심이 깊은 사람이었습니다. 그녀는 학생에게 복음을 소개하고 예수 그리스도를 영접하도록 도왔습니다.

이제 그 학생의 인생이 완전히 바뀌었습니다. 성공을 향해 무작정 달리던 것을 멈춘 것입니다. 그동안은 하루 세 끼 밥벌이가 목표였는데, 이제는 공부의 방향과 목적이 달라졌습니다. 그는 정말로 열심히 공부하고 성실하게 일해서 자신의 처지와 같은 학생들을 도왔습니다. 훗날 자신이 공부했던 학교의 한 벽면에 젊은 날 가장 처절했던 순간에 귀부인에게서 들었던 질문을 이렇게 붙여 놓았습니다. "그 다음에는?"이라고!

이 질문은 바로 지금 저와 여러분에게도 주어진 것입니다. 시편 기자는 이렇게 질문하며 고백합니다. "내가 산을 향하여 눈을 들리라 나의 도움이 어디서 올까"(시 121:1). 이 구절에서 몸통에

모든 끝은 시작이다

해당하는 질문이 무엇입니까? "나의 도움이 어디서 올까?"입니다. 시편 기자가 살던 당시에도 사람들 마음속에 영원한 목마름이 있었습니다. 풀리지 않은 질문이 있었습니다. "내가 산을 향하여 눈을 들리라." 왜 산을 향해 눈을 듭니까? 당시 사람들은 산에 수많은 굴을 파서 우상 단지를 만들어 놓았습니다. 거기에서 인생의 해답을 찾을 수 있다고 생각했습니다. 오늘날도 마찬가지입니다. 전혀 도움이 되지 않는 허무한 것들을 찾아 나섭니다. 거기서 인생의 해답을 찾으리라 기대합니다. 그러나 결론이 어떻습니까?

"나의 도움은 천지를 지으신 여호와에게서로다"(시 121:2).

멋진 결론입니다. 솔로몬이 우리에게 말하고자 하는 것도 바로 이것입니다.

솔로몬의 결론, 하늘을 보라

솔로몬은 이제 인생의 아주 중요한 열쇠를 꺼내 놓습니다. "해 아래에 모든 수고가 바람을 잡으려는 것과 같았다!" 여기서 왜 '해 아래'라는 말을 사용했을까요? 생각을 뒤집어 봅시다. '해 아래'의

반대 개념은 '해 위'입니다. 당시 히브리 사람들은 해가 우주의 중심이라고 생각했습니다. 인생의 중심이라고도 여겼습니다. 심지어 아주 중요한 사람에게도 '태양'이라는 말을 붙였습니다. 그 유명한 인물이 애굽의 '바로'입니다. 파라오가 바로 '태양'이라는 뜻입니다. 태양은 고대 사람들의 중심에 있었습니다. 그런데 그 해 아래에서 모든 수고의 답을 찾을 수 없었습니다. 오히려 끊임없는 질문만 터져 나왔습니다.

그렇다면 해 위에는 누가 있습니까? 바로 태양까지 주관하시는 창조주가 있습니다. 해 아래에서 끊임없이 던지는 질문에 답을 주실 수 있는 유일한 분은 바로 여호와 하나님이십니다. 솔로몬은 이 진리를 깨닫고 '해 아래'라는 묘사를 넣은 것입니다.

솔로몬은 청년 세대를 향해 말해 주고 싶었던 것입니다. "해 아래 모든 수고를 다 해 봤다. 지성의 정상까지도 올라가 봤다. 그런데 바람을 잡으려는 것 같았다. 여기에는 끊임없는 질문만이 있을 뿐이었다. 이제 태양까지 주관하시는 하나님을 바라보라."

어거스틴은 "인간에게는 하나님과 그리스도 외에는 채울 수 없는 커다란 구멍이 있다"고 고백합니다. 각자 삶의 현장에서 천지를 지으신 하나님을 바라보기 바랍니다. 성령님이 주시는 지혜와 이해로 하나님의 임재를 경험하기 바랍니다.

모든 끝은 시작이다

모든
끝은
시작
이다

전도자의 지혜

1. 인간에게는 지성의 욕구가 있습니다.

솔로몬은 예루살렘의 왕이 되어서 기나긴 순례의 길을 걷다가 지성의 욕구를 충족시키기 위한 등정에 올랐습니다. "마음을 다하고 지혜를 써서 하늘 아래에서 행하는 모든 일을 연구했다"고 말합니다. 여기서 '연구했다'는 말은 '문제의 근원 끝까지 들어가 봤다'는 뜻입니다. 솔로몬은 하나님이 지혜를 준 사람입니다. 어느 누구도 그와 견주어서 그의 이론과 지혜를 이길 수 없습니다.

2. 지성의 끝은 바람과 같습니다.

지성의 최고를 갈구하며 끝까지 좇았던 솔로몬의 고백입니다. "이것도 바람을 잡으려는 것인 줄 깨달았노라." 바람을 잡는 것이 무엇입니까? 손으로 잡은 줄 알았는데 펴 보니 아무것도 없다는 겁니다. 실체인 줄 알았는데 거울이 깨지니까 사라졌다는 말입니다. 지성의 욕구를 위해 끝까지 노력한 그 행위는 미친 짓, 다시 말해 광기였고 중독이었음을 깨닫습니다.

3. 궁극적인 해답은 오직 여호와께 있습니다.

시편에 "내가 산을 향하여 눈을 들리라. 나의 도움이 어디서 올꼬"라는 구절이 나옵니다. 시편 기자의 이 질문은 솔로몬이 가졌던 질문이기도 하며, 나아가 우리 세대가 가진 질문이기도 합니다. 솔로몬의 결론은 무엇입니까? 우리에게는 천지를 지으신 여호와가 필요합니다. '해 아래'는 끊임없는 질문뿐이며 '해 위에' 있는 창조주만이 그 끊임없는 질문에 대한 대답입니다. 이것이 바로 솔로몬이 지성의 정상에서 찾은 결론입니다.

전도자의 삶

1. 솔로몬이 전도서에서 추구하고자 했던 지성의 끝은 무엇인가요?

2. 삶에서 무언가에 심취해 있지는 않습니까? 그렇다면 그 이유는 무엇입니까?

3. 인생의 해답을 찾고자 내가 자꾸 바라고 섬기는 우상은 무엇인가요?

4. 하나님만이 내 삶의 도움이었음을 깨달은 적이 있다면 언제였나요?

내가 돌이켜 지혜와 망령됨과
어리석음을 보았나니 왕 뒤에 오는 자는
무슨 일을 행할까 이미 행한 지 오래 전의 일일 뿐이리라
내가 보니 지혜가 우매보다 뛰어남이 빛이 어둠보다 뛰어남 같도다
지혜자는 그의 눈이 그의 머리 속에 있고
우매자는 어둠 속에 다니지만 그들 모두가 당하는 일이
모두 같으리라는 것을 나도 깨달아 알았도다
내가 내 마음속으로 이르기를 우매자가 당한 것을
나도 당하리니 내게 지혜가 있었다 한들 내게 무슨
유익이 있으리요 하였도다 이에 내가 내 마음속으로
이르기를 이것도 헛되도다 하였도다
지혜자도 우매자와 함께 영원하도록 기억함을 얻지 못하나니
후일에는 모두 다 잊어버린 지 오랠 것임이라
오호라 지혜자의 죽음이 우매자의 죽음과 일반이로다
이러므로 내가 사는 것을 미워하였노니
이는 해 아래에서 하는 일이 내게 괴로움이요 모두 다 헛되어
바람을 잡으려는 것이기 때문이로다

전도서 2:12-17

3장

쾌락의 끝

솔로몬이 떠난 또 하나의 순례 길은 정욕의 길입니다. 솔로몬은 인간의 본능, 욕구, 정욕의 산을 향해 순례 길을 떠납니다.

전 세계적으로 화제가 되었던 유행가 "강남 스타일"을 보면 이런 가사가 있습니다. "지금부터 갈 때까지 가 볼까? 오빠는 강남 스타일." 그런데 일찍이 이 가사의 원조가 있었습니다. 바로 솔로몬입니다. 솔로몬이야말로 정말 갈 때까지 가 본 사람입니다. 평범한 사람은 갈 때까지 가고 싶어도 가진 게 없어서 못 갑니다. 하지만 솔로몬은 원하는 대로 다 만져 보고, 또 겪어 보고, 끝까지 가 본 사람입니다. 그를 따라 쾌락의 끝을 추적해 봅시다. 그 정상에서 솔로몬은 무엇을 고백했을까요?

쾌락의 여정을 떠나다

신조어 가운데 '여피족'(yuppies)이라는 말이 있습니다. 영문 표기의 첫머리를 조합해서 'YUP'라는 단어가 탄생한 데서 비롯된 말입니다. Y는 '젊다'는 뜻인 'Young'의 첫 글자로 20대에서 40대까지를 가리킵니다. U는 '도시'라는 뜻인 'Urban'의 첫 글자입니다. P는 '전문직'을 뜻하는 'Professional'의 첫 글자입니다. 다시 말해, 여피족은 '도시에 살며 전문직에 종사하는 20-40대층'을 말합니다. 여피족의 공통점은 고소득층이라는 것입니다. 소득이 높아 물질적으로 어려움이 없습니다. 그런데 놀랍게도 가끔 이 사람들이 경악할 만한 물의를 일으켜 뉴스에 나오는 것을 보게 됩니다. 원조교제나 스와핑 등 성적인 범죄도 서슴없이 저지릅니다. 언젠가 경찰과 방송국에서 이들을 추적하고 취재한 적이 있습니다. 그때 "도대체 당신들은 뭐가 부족해서 이런 범죄를 저지릅니까?"라고 물었습니다. 적발된 사람들이 이구동성으로 이렇게 말하는 게 아닙니까? "권태로워서." 소득이 많으니 생활 가운데도 안정감이 높은데 오히려 일상은 늘 똑같다는 겁니다. '좀 더 재미난 것이 없을까?'를 고민하며 찾고 찾다가 경악할 만한 짓을 저지른 것입니다.

솔로몬 역시 '갈 때까지 가 본' 사람입니다. 쾌락에 자신을 던진 사람입니다. 전도서 2장 1절을 봅니다.

"나는 내 마음에 이르기를 자, 내가 시험 삼아 너를 즐겁게 하리니 너는 낙을 누리라 하였으나 보라 이것도 헛되도다"(전 2:1).

여기에 '즐겁게'라는 단어가 나옵니다. 히브리어로 '쉬므하'라는 단어를 썼는데, 여기서는 술이 전제된 쾌락을 의미합니다. '술' 하면 한국 사람들을 빼놓을 수가 없습니다. 학생들이 대학에 들어가자마자 술에 빠져 지내는 것을 보면 참 속상하고 마음이 아픕니다. 십여 년을 열심히 공부해서 들어간 대학인데, 들어가자마자 배우는 게 술입니다. 동아리나 과 모임에 가면 무조건 술을 마셔야 합니다. 술자리에 끼지 못하면 따돌림을 당하고, 사람 취급도 하지 않을까 두려워 주는 대로 마십니다. 자기 정체성을 찾아가는 어린 학생들은 한 잔이 두 잔이 되고, 이내 술독에 빠지게 됩니다. 술 먹으려고 대학 갔습니까? 때로는 생명까지 위협당하는 일까지 발생합니다. 대학교뿐 아니라 직장 안에서도 술 문제가 보통 심각한 게 아닙니다.

크리스천들에게 술 문제는 신앙 고백과 매우 밀접하게 연결되어 있습니다. 크리스천들에게 술이란 단순히 건강의 문제가 아니라 신앙 고백의 싸움입니다. 술은 지배하는 능력이 있습니다. 성경에 "술 취하지 말라. 이는 방탕한 것이니 오직 성령으로 충만함을 받으라"(엡 5:18)는 구절이 있습니다. 술을 아예 먹지 말라는 말이 아닙니다. 인생의 주도권을 술에게 넘기지 말라는 말입니다. 예수 그리스도의 보배로운 피로 구속함을 받은 사람은 인생의 주도권을 그리스도 한 분 외에는 어떤 것에도 넘겨주어서는 안 됩니다. "맥주 정도는 음료수로 봐야 하지 않나?" 하는 사람도 있습니다. 아닙니다. 맥주도 술입니다. 작은 것에서 무너지면 다 밀리고 맙니다. 솔로몬도 이 술 문제를 계속해서 언급합니다. 모든 쾌락의 밑바닥에는 항상 술이 있습니다. 전도서 2장 2-3절을 봅니다.

"내가 웃음에 관하여 말하여 이르기를 그것은 미친 것이라 하였고 희락에 대하여 이르기를 이것이 무슨 소용이 있는가 하였노라 내가 내 마음으로 깊이 생각하기를 내가 어떻게 하여야 내 마음을 지혜로 다스리면서 술로 내 육신을 즐겁게 할까 또 내가 어떻게 하여야 천하의 인생들이 그들의 인생을 살아가는 동안 어떤 것이 선한 일인지를 알아볼 때까지 내 어리석음을 꼭 붙잡아 둘까 하여"(전 2:2-3).

모든 끝은 시작이다

이렇듯 솔로몬은 쾌락의 여정을 떠납니다. 쾌락의 끝을 향해 나아갔습니다. 철학자 가운데 쾌락을 행복으로 정의한 학자가 있습니다. 바로 헬레니즘 시대의 그리스 철학자이자 유물론자인 에피쿠로스입니다. 그는 "사람은 행복을 추구해야 한다. 즐거울 권리가 있다"라고 말했습니다. 그는 '인간의 즐거움을 저해하는 가장 큰 적이 무엇일까'를 고민하며 연구했습니다. 그러다 '죽음'이라는 문제에 도달했습니다. 죽음이야말로 인간의 행복과 즐거움을 저해하는 가장 두려운 존재라고 결론을 내렸습니다. 그는 죽음을 맞는 인간이 도대체 어떤 존재인가를 과학적으로 분석하기 시작했습니다. 유물론적 사고방식으로 철저히 접근했습니다. 인간을 나누고 또 나눴더니 어떻게 되었을까요? 무(無)! 즉, 아무것도 없다는 결론에 도달했습니다. "인생은 무(無)로구나! 아무것도 없는 것이구나!" 여기서 역설적으로 만들어 낸 논리가 더욱 재밌습니다. "그렇기 때문에 인간은 손에 땀이 있을 때, 아직 피가 끓을 때 즐겨야 한다. 그것이 인생 최고의 가치다." 이것이 고대 그리스의 철학자 에피쿠로스가 만들어 낸 쾌락주의입니다. 그렇다면 우리 삶에서 경험할 수 있는 쾌락은 어떤 것들이 있을까요?

첫째, 지식의 쾌락

우선 지식의 쾌락이 있습니다. 쾌락은 다양한 얼굴로 존재하는데, 지식으로 채운 욕망도 쾌락의 일종입니다.

원래 '신학'이라는 학문은 사람과 생명, 목회를 위해 존재하는 학문입니다. 그런데 어떤 분들은 공부만 합니다. 후배 중에도 10년, 20년 공부만 하는 친구가 있습니다. 목회도 안 하고 자녀들이 등록금을 내든 말든, 마누라가 품팔이를 하든 말든 전혀 개의치 않고 도서관에만 앉아 있습니다. 너무 답답해서 "아직도 이러고 있으면 어떻게 하나? 목회해야지?" 그랬더니 "선배님! 공부가 너무 좋아요"라고 말하는 게 아닙니까? 내가 보기에도 얄미운데 가족들은 오죽하겠습니까? 공부라는 것은 남을 위해 하는 것입니다. 공부 자체가 우상이 되면 안 됩니다. 그건 일종의 쾌락주의입니다. 하나님 없이 지식을 추구하면 쾌락주의로 갈 수 있습니다.

둘째, 술의 쾌락

술은 말할 것도 없습니다. 재미난 기사를 본 적이 있습니다. 어떤 사람이 울산 도심에서 조랑말을 타고 다닌다는 신고가 경찰에 들어왔습니다. 경찰이 출두해서 보니, 이 사람은 음주 운전으로 면허가 취소된 40대 후반 남자였습니다. 면허가 취소되자 '면허를 취소시켜? 그렇다고 내가 못 돌아다닐 줄 알고? 하는 마음에 조랑말을 사서 타고는 떡하니 시내를 돌아다닌 것입니다. 교통법상 음주 승마는 잡을 근거가 없답니다. 그래서 경찰 두 명이 이 남자 뒤를 졸졸 따라다니는 게 방송되었습니다. 조랑말이 오줌이나 똥을 싸면 법적 조치를 취할 수 있기 때문입니다. 나중에 이야기를 들어보니 이 남자는 결국 또 음주 운전으로 또 한 번 면허가 취소되었다고 합니다. 술은 이렇게 사람을 혼미하게 만듭니다.

술은 몸속에 들어가면 대뇌 신경을 제일 먼저 제압합니다. 그때부터 사람은 술의 힘에서 벗어나지 못해 판단력을 잃어버립니다. 평생 멀쩡하던 사람도 술의 지배를 받으면 한순간에 엉뚱한 행동을 벌일 수 있습니다. 평생 못하던 행동을 술의 힘을 빌려서 합니다. 사람들은 술을 통해 눌려 있던 감정을 폭발시키는 식으로 쾌락을 즐깁니다. 인간의 죄성이 술을 통해 다 토해집니다.

셋째, 선한 일의 쾌락

선한 일을 하는 것도 쾌락이 됩니다. 예수 그리스도 없이, 하나님 없이 하는 선한 행위에는 정말 휴머니즘적 차원에서 하는 선행도 있습니다. 더욱이 어떤 경우에는 자기 의를 위해 선을 행하기도 합니다. 교회 안에서도 삼가고 조심해야 할 부분입니다. 자

신이 의롭다는 것을 선한 일로 자꾸 드러내려 한다면 그 사람은
분명 쾌락의 위험성에 빠진 것이나 다름없습니다.

넷째, 성취욕의 쾌락

한편 성취욕의 쾌락도 있습니다. 특히 바쁜 한국 사람들 중에
는 워커홀릭(workaholic, 가정이나 다른 것보다 일이 우선이어서 오로지 일에만
몰두하여 사는 사람을 지칭)이 얼마나 많은지 모릅니다. 잠시라도 손에
서 일을 놓으면 불안하고 그래서 휴식을 누리지 못한다면 일중독
에 이미 빠진 것입니다. 해방 이후 50년 동안 한국 사회는 참 많
이 발전했습니다. 열심히 일한 아버지들의 몫이 큽니다. 그런데
그들의 인생 성적표는 딱 한 줄입니다. "일밖에 한 게 없다!" 그
결과 우리 사회는 발전했고 부도 쌓았지만, 부수적인 아픔이 찾
아왔습니다. 한국 남자들이 일중독에 빠져 가정과 자신의 내면이
황폐화되는 것을 방치한 것입니다. 목회자도 마찬가지입니다. 움
직이지 않으면 불안해합니다. 무슨 일이든 해야 즐겁고 성취감을
느낍니다. 묵상을 통해 내면을 다지는 일에는 열심을 내지 못합
니다. 이는 성취욕의 쾌락에 깊이 빠져 있음을 의미합니다.

쾌락의 끝에서 좌절감을 만나다

끝없는 쾌락의 길을 누가 걸어 보았습니까? 바로 솔로몬입니다. 솔로몬은 지식, 술, 선행, 그리고 성취라는 쾌락에 이르기까지 뭐 하나 빠지지 않고 모두 깊이 빠져 지냈습니다. 그런데 그 결과는 어 땠습니까? 전도서 2장 11절을 봅시다.

"그 후에 내가 생각해 본즉 내 손으로 한 모든 일과 내가 수고한 모 든 것이 다 헛되어 바람을 잡는 것이며 해 아래에서 무익한 것이로 다"(전 2:11).

어떤 상황과 상태를 '좌절'이라고 합니까? 보통은 어떤 일을 하 다가 한계에 부딪혀 결국 그 일을 하지 못할 때, 또 이런저런 어려 움이 발생해 하려는 의지마저 꺾여 버렸을 때 '좌절'이라는 단어 를 떠올립니다. 그런데 성경에서 말하는 '좌절'은 성격이 조금 다 릅니다. 11절에 나온 말씀이 바로 좌절입니다.

"그 후에 내가 생각해 본즉." 이는 '어떤 일이든 다 겪고 난 뒤' 라는 의미입니다. 자신의 인생을 돌아보니 온갖 투자와 노력을 아끼지 않고 달려왔다는 것입니다. 그런데 그 꼭대기에 올랐더니 어떻습니까? "바람을 잡은 것이며"라고 말합니다. '내가 이것 때문에 그 세월을 겪었나?' 하는 생각이 들었던 것입니다. 이것이 성경에서 말하는 좌절입니다. 이런저런 노력을 할 때 겪는 좌절보다 더 큰 좌절입니다. 성공한 연예인들에게서 우울증을 앓았다거나 앓고 있다는 고백을 들을 때가 의외로 많습니다. 왜 그럴까요? 솔로몬이 고백한 것과 같은 좌절 때문입니다. "내가 수고한 모든 것이 다 헛되어 바람을 잡는 것"과 같이 느껴졌기 때문입니다.

"여우와 신포도"란 이솝우화를 잘 아실 겁니다. 배고픈 여우가 포도송이를 찾아냈으나 너무 높아서 따 먹을 수가 없었습니다. 여우는 그 자리를 떠나면서 "저 포도는 아직 익지 않아서"라고 중얼거렸습니다. 인간은 자신의 힘이 모자라 일이 잘 안 되면 흔히 시기(時期)를 핑계로 삼는다는 이야기입니다. 그런데 이 우화를 따라한 또 다른 이야기가 있습니다.

포도나무에 포도가 열렸습니다. 여러 마리의 여우들이 올라가서 이 포도를 따겠다고 서로 물고 싸움을 합니다. 결국 힘이 가장 강한 여우 한 마리가 다른 여우들을 제치고 올라갑니다. '툭' 건드리면 꿀물이 뚝뚝 흐를 것만 같은 탐스런 포도입니다. 힘이 가장 강한 여우가 그 포도를 따는 순간, 다른 여우들이 부러운 눈빛으로 올려다봅니다. '아, 얼마나 맛있을까? 저놈은 좋겠다!' 드디어 포도를 '톡' 하고 깨물었는데, 온몸에 찌릿한 신맛이 퍼집니다. 아래서 쳐다보던 여우들이 침을 질질 흘리며 묻습니다. "맛이 어때?" 정상에 선 여우가 뭐라 답했을까요? "뭐 맛이 이래? 못 먹겠다!" 절대 이렇게 말하지 못합니다. 신맛 때문에 속이 안 좋은데도 "죽인다! 맛 죽인다!" 하면서 내려옵니다. 아래서는 다음 타자가 되기 위해 또 치열한 싸움이 벌어집니다. 거기서 이긴 여우가 또 올라갑니다. 마침내 올라간 그 여우는 웃음을 띠고 그 꿀물이 흐를 것 같은 포도를 입에 물었습니다. 이내 같은 상황이 또 벌어집니다. 아래에서 부러운 눈빛으로 "맛이 어때?" 하고 물으니 "정말 죽인다!"며 거짓말합니다. 그러면서 누구를 제일 먼저 쳐다봤을까요? 자기보다 앞서, 처음으로 포도를 맛본 여우를 쳐다봅니다. '저 사기꾼 같은 놈!' 그러면서 자신도 진실을 이야기하지 못합니다. 무언가 최고가 있을 것 같아 발버둥쳐 올라왔는데 그곳에 있는 것은 아무것도 아님을 깨달은 상태, 바로 이것이 절망입니다.

이런 어처구니없는 모습이 예수님 없이 살아가는 인간의 모습 아닐까요? 얼마나 기가 막힙니까? 정상에 있는 1퍼센트의 사람들이 모조품과 같은 이 허무한 행복에 앉아 자태만 뽐내고 있습니다. 그런데 너도나도 많은 사람들이 그 자리에 앉아 그럴듯한 행복을 누리고 싶어합니다.

떠오르는 성경 인물이 있습니다. 소돔과 고모라 땅에서 최고의 유지로 살았던 '롯'입니다. 신약 성경은 롯의 인생을 단 한 줄로 이렇게 정의합니다.

> "날마다 저 불법한 행실을 보고 들음으로 그 의로운 심령이 상하니라"(벧후 2:8).

의로운 롯은 소돔과 고모라 땅에서 고통을 당했습니다. 겉으로는 화려해 보였지만 속은 썩고 있었습니다. 행복해 보였지만 실제로는 전혀 행복하지 않았습니다. 영혼의 괴로움은 모른 척한 채 모조품과 같은 허무한 행복에 집착하는 우리 모습도 이와 다를 바 없습니다.

바로 솔로몬은 이런 좌절을 경험합니다. 진짜 좌절은 하다하다 담벼락에 부딪혀서 하지 못했다고 겪는 게 아닙니다. '이거다!' 싶어 붙잡고 온갖 투쟁과 경쟁 끝에 정상에 섰는데 알고 보니 헛된 바람을 잡은 것이었습니다. 바로 이것이 좌절입니다.

모든 끝은 시작이다

돌이켜 세 가지를 깨닫다

솔로몬은 쾌락의 끝에서 절망을 만납니다. 솔로몬은 "내가 돌이켜 지혜와 망령됨과 어리석음을 보았나니 왕 뒤에 오는 자는 무슨 일을 행할까 이미 행한 지 오래 전의 일일 뿐이리라"(전 2:12)고 말합니다. '돌이켜'라는 말은 회개했다는 의미가 아니라 정상에 이른 뒤 돌아보고 깨달음을 얻었다는 뜻입니다. 솔로몬은 세 가지를 깨닫습니다.

첫째, 똑똑하게 사나 미련하게 사나 누구나 죽는다

솔로몬이 온갖 쾌락을 다 누리고 그 끝에서 깨달은 첫 번째가 무엇입니까? 똑똑하게 사나, 미련하게 사나 마지막은 모두 똑같다는 것입니다. 전도서 2장 16절을 봅시다.

> "지혜자도 우매자와 함께 영원하도록 기억함을 얻지 못하나니 후일에는 모두 다 잊어버린 지 오랠 것임이라 오호라 지혜자의 죽음이 우매자의 죽음과 일반이로다"(전 2:16).

잘났든, 못났든 누구나 마지막에는 한 평도 안 되는 땅에 묻힙니다. 죽은 이는 점점 잊혀지다가 오랜 시간이 흐른 뒤에는 아무도 그를 기억하지 못합니다. 이집트에 가면 피라미드가 있습니다. 2톤짜리 돌 850만 개를 쌓아 만든 무덤입니다. 많은 사람들의 볼거리입니다. 그러나 그 안에 잠든 이를 그 누가 기억합니까? 아무도 기억하지 않습니다. 인간은 본성적으로 자기 이름 석 자를 오래도록 남기고 싶어 합니다. 한국 사람들도 그런 심리가 강합니다. 심지어 여행지에도 "노량진 삼식이 왔다 가다"라고 이름을 남깁니다. 조금 창피한 일입니다. 교회에서도 자신의 이름을 높이고 인기를 얻고 싶어 합니다. 굉장히 위험한 일입니다. 담임 목사도 예외일 수 없습니다. 어느 공동체든 리더의 자리는 가만히 있어도 영향력이 있는 자리입니다. 그래서 항상 조심해야 합니다.

하나님은 자신의 영향력을 키워 오로지 힘으로만 일하려는 사람을 가장 싫어하십니다. 리더는 자기가 꼭 나서야 하는 자리인지 잘 분별해서 행동해야 합니다. 사람이 기억되는 교회가 되면 안 됩니다. 아무리 훌륭한 목회자라 해도 예수님 앞에서는 아무것도 아닙니다. 리더가 스타가 되면 자기 세상인 것 같지만, 예수님이 오시면 아무것도 아닙니다. 그러므로 오늘날 교회는 선교 지향적인 교회가 되어야 합니다. 나아가 종말론적 교회가 되어야 합니

모든 끝은 시작이다

다. 종말이라는 시간에 맞춰 행진하는 교회가 되어야 합니다. 그러면 그렇게 애착을 갖던 것들이 의미 없어 보입니다. 많은 것들을 놓을 수 있습니다.

둘째, 빈손으로 가는 것이 인생이다

솔로몬이 돌이켜 깨달은 두 번째는 무엇입니까? 아무리 수고하여 모은 재산도 모두 버리고 가야 한다는 것입니다. 전도서 2장 18절을 봅시다.

"내가 해 아래에서 내가 한 모든 수고를 미워하였노니 이는 내 뒤를 이을 이에게 남겨 주게 됨이라"(전 2:18).

이 고백을 여기 기록한 이유가 있습니다. 솔로몬의 개인적인 사연이 숨어 있습니다. 솔로몬에게는 가슴앓이를 한 아들이 한 명 있습니다. 르호보암입니다. 솔로몬이 세상을 떠날 날이 이제 얼마 남지 않았는데, 생각해 보니 이 부실한 아들한테 이 거대한 왕국과 지적 재산, 물질적인 부를 물려줘야 합니다. 아들에게 주는 것이 아깝다는 의미가 아니라, '이런 부실한 녀석이 제대로 간수할 수 있겠는가?' 하는 걱정과 안타까움이 앞섰을 것입니다. 그러면서 깨닫습니다. '사람이 아무리 목숨처럼 아끼고 애써서 얻은 결과물일지라도 자신이 모두 누리고 갈 수는 없는 거구나!'

미국 역사상 최고 부자로 꼽히는 록펠러는, 한 달에 850만 달러를 벌 때도 비스킷으로 세 끼를 연명했다고 합니다. 참 재미있게도, 자신이 모은 재산을 다 쓰고 가는 사람은 없습니다. 엉뚱한 사람이 다 씁니다.

프랑스 기네스북에 등재된 사람 중에 존 칼망이라는 할머니가 있습니다. 122세까지 살아서 최장수 인물로 기네스북에 등재되었습니다. 존 칼망 할머니가 90세 때, 이웃에 사는 분이 나름 꾀를 내어서 이런 제안을 했다고 합니다. "할머니, 매달 제가 생활비를 드릴 테니, 돌아가시면 이 큰 저택을 저에게 물려주세요." 이 이웃은 당시 45세였는데, '할머니가 사서 봤자 얼마나 사시겠어?' 하고 생각했던 것입니다. 그런데 할머니가 122세까지 사셨습니다. 생활비를 주던 이웃은 77세에 세상을 떠났습니다. 할머니의 생활비만 대 주다가 할머니보다 먼저 죽은 것입니다. 언제 죽을지 모르는 게 인생입니다. 한 치 앞도 내다볼 수 없습니다.

재산을 많이 물려주는 것이 자녀에게 결코 유익하지 않은 경우가 많습니다. 거저 생긴 돈은 쉽게 없어집니다. 돈을 벌면서 인생의 지혜를 배우는 법입니다. 자식에게는 건강한 정신과 교훈, 신앙을 물려주는 것이 가장 중요합니다. 정말 자녀를 위한다면 물질을 지혜롭게 사용하는 모습을 보여 주어야 합니다. 그것만큼 복된 유산이 없습니다.

셋째, 하나님만이 인생의 기쁨이다

솔로몬이 돌이켜 깨달은 세 번째는 무엇입니까? 인생의 즐거움이 하나님에게서 오는 것임을 고백합니다.

"하나님은 그가 기뻐하시는 자에게는 지혜와 지식과 희락을 주시나 죄인에게는 노고를 주시고 그가 모아 쌓게 하사 하나님을 기뻐하는 자에게 그가 주게 하시지만 이것도 헛되어 바람을 잡는 것이로다"(전 2:26).

결국 솔로몬은 하나님만, 그리스도만이 인생의 기쁨임을 깨달았습니다. 이것이 바로 크리스천이 누리는 복입니다. 요한복음 4장에 등장하는 우물가의 여인을 기억하십시오. 남편을 여러 명 갈아치우면서까지 인생의 목마름을 채우기 위해 허덕였습니다. 헛되고 헛된 것들만을 구하며 살았습니다. 그러다가 우물가에서 예수님을 만나고는 물동이를 집어던집니다.

어떤 쾌락을 즐기고 있습니까? 어떤 복을 얻고자 뛰어가고 있습니까? 예수님을 만나고, 그 안에서 하나님과 함께 기뻐하는 삶이야말로 참된 복입니다. 주님 한 분만으로 즐거운, 인생의 진정한 복을 누리십시오. 청년의 때부터 이 복의 비밀을 알아 가시기 바랍니다.

묻고
튼
시작
이다

1. 누구나 쾌락을 즐기고자 하는 욕망이 있습니다.

솔로몬은 쾌락 안으로 자신을 던집니다. 어느 유행가 가사처럼 "갈 때까지" 가 봅니다. 솔로몬이 말하는 쾌락에는 크게 네 가지가 있습니다. 첫째, 지식의 추구입니다. 둘째, 술 취함입니다. 셋째, 선행입니다. 넷째, 일입니다.

2. 그리스도 없는 쾌락의 끝에는 좌절만이 있습니다.

솔로몬이 쾌락의 끝에서 발견한 단어는 '좌절'입니다. 인생을 걸고 온갖 투자와 노력을 아끼지 않고 달려왔지만 결국 "바람을 잡은 것"이라고 고백합니다. 이런저런 노력을 하다가 벽에 부딪혔을 때 느끼는 좌절이 아닙니다. 무언가 최고가 있을 것 같아 발버둥쳐서 올라왔는데 그곳에 있는 것이 아무것도 아님을 깨달은 상태, 바로 이것이 절망입니다. 이런 어처구니없는 모습이 예수님 없이 살아가는 인간의 모습입니다. 대다수의 사람들이 그럴듯한 행복을 누리고 싶어 합니다. 그러나 정작 그 자리는 모조품과 같이 허무한 행복일 뿐입니다.

3. 그리스도만이 인생의 기쁨임을 아는 복을 누리십시오.

솔로몬이 깨달은 것들에 귀를 기울여 봅시다. 똑똑하게 살든지, 부유하게 살든지, 미련하게 살든지 누구나 똑같이 죽고 잊혀집니다. 또한 아무리 목숨처럼 아끼고 애쓰며 재산을 모아도 결국 모두 버리고 가는 것이 인생입니다. 오직 하나님만이 인생의 즐거움이며, 그리스도만이 인생의 기쁨입니다. 그것을 아는 것이 진정한 복입니다.

1. 최근 어떤 쾌락에 빠져 있습니까? 술, 이성, 동영상, 스포츠, 게임, 학업, 직장, 물질 등 삶의 중심을 잃게 만드는 것은 무엇입니까?

2. 솔로몬은 우리가 경험하고 있거나 과거에 경험했던 쾌락의 끝이 무엇이라고 말하고 있습니까?

3. 여러 가지 쾌락은 우리가 즐기는 차원이 아닌 신앙 고백과 관련이 있습니다. 현재 나의 신앙 고백은 어느 정도의 위치에 와 있는지 요한복음 4장 7-19, 29절을 읽고 자신의 신앙 고백을 적어 보십시오.

4. 느헤미아 8장 1-12절의 말씀을 보십시오. 이스라엘 백성은 어떤 일이 계기가 되어 무엇을 기뻐했나요? 나의 신앙 고백과 비교해 보십시오.

하나님이 모든 것을 지으시되
때를 따라 아름답게 하셨고 또 사람들에게는
영원을 사모하는 마음을 주셨느니라
그러나 하나님이 하시는 일의 시종을
사람으로 측량할 수 없게 하셨도다
사람들이 사는 동안에 기뻐하며 선을 행하는 것보다
더 나은 것이 없는 줄을 내가 알았고
사람마다 먹고 마시는 것과 수고함으로 낙을 누리는 그것이
하나님의 선물인 줄도 또한 알았도다
하나님께서 행하시는 모든 것은 영원히 있을 것이라
그 위에 더 할 수도 없고 그것에서 덜 할 수도 없나니
하나님이 이같이 행하심은 사람들이 그의 앞에서
경외하게 하려 하심인 줄을 내가 알았도다
이제 있는 것이 옛적에 있었고 장래에 있을 것도
옛적에 있었나니 하나님은 이미 지난 것을
다시 찾으시느니라

전도서 3:11-15

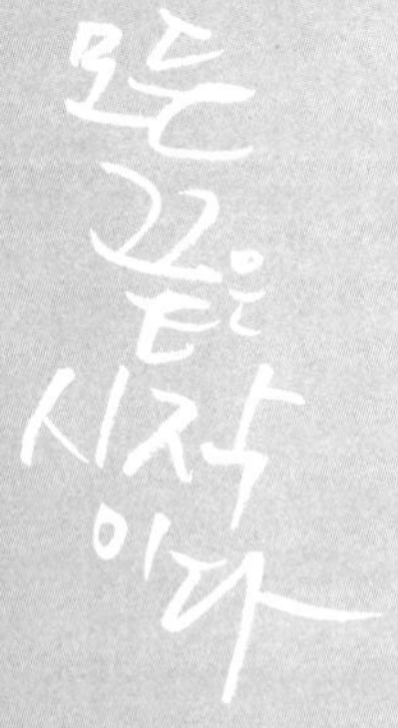

인생의 통찰력

흔히 무슨 일을 하든지 때가 있다고들 말합니다. 그러나 그 '때'를 아는 사람은 많지 않습니다. 때와 기한을 아는 것이야말로 인생을 승리하게 하는 지혜 중의 지혜입니다. 솔로몬은 전도서 3장에서 인생의 때를 아는 지혜에 대해 이야기합니다.

때를 따라 아름답게 하시는 하나님

3장에서 먼저 살펴볼 말씀은 11절입니다. 이 한 절 안에는 중요한 세 단어가 나옵니다.

"하나님이 모든 것을 지으시되 때를 따라 아름답게 하셨고 또 사람들에게는 영원을 사모하는 마음을 주셨느니라 그러나 하나님이 첫째, '지으시되'입니다. 솔로몬은 "하나님이 모든 것을 지으시되"라고 말합니다. 한글 성경만 보면 영어 'made'의 개념으로 다가옵니다. 곧 '하나님이 모든 것을 만드셨다'는 뜻으로 받아들이기 쉽습니다. 그런데 원뜻은 그 개념이 아닙니다. 영어로 말하자면, 'doing'입니다. 하나님이 모든 것을 '행하셨다'는 의미입니다. 하나님의 통치와 섭리, 행하심을 묘사한 것입니다. 원뜻에 입각해 다시 말하자면, "하나님이 모든 것을 섭리하시고 행하시고 통치하시되"라는 말입니다.

둘째, '때를 따라'입니다. 앞서 1-10절까지 말씀을 보십시오. '때'라는 단어가 반복되어 나옵니다. 특히 2-8절까지는 인생의 '때'가 자세히 구분되어 있습니다.

"날 때가 있고 죽을 때가 있으며 심을 때가 있고 심은 것을 뽑을 때가 있으며 죽일 때가 있고 치료할 때가 있으며 헐 때가 있고 세울 때가 있으며 울 때가 있고 웃을 때가 있으며 슬퍼할 때가 있고 춤출 때가 있으며 돌을 던져 버릴 때가 있고 돌을 거둘 때가 있으며 안을 때가 있고 안는 일을 멀리 할 때가 있으며 찾을 때가 있고 잃

모든 끝은 시작이다

솔로몬은 왜 이런 말을 했을까요? 3장 1절에 답이 나와 있습니다. "범사에 기한이 있고 천하만사가 다 때가 있나니." 모든 일에는 기한이 있고, 때가 있다고 말합니다. 하나님이 정하신 시간과 때가 있다는 말입니다. 인간이 아무리 계산하고 머리를 굴려도 하나님이 정하신 때를 바꿀 수 없습니다. 내 생각에는 '지금' 이루어지면 좋을 것 같은 일도, 하나님의 '때'가 아니면 이뤄지지 않습니다.

셋째, '아름답게 하셨고'입니다. 하나님이 "때를 따라 아름답게 하셨다"고 말합니다. 여기서 '아름답게'라는 단어의 원뜻은 영어 'beautiful'의 의미가 아닙니다. '아름답게'의 정확한 의미는 '적절하게 하셨다'는 것입니다.

이 말씀의 더 정확한 뜻을 이해하기 위해, 열왕기서를 살펴보겠습니다. 열왕기서를 보면 솔로몬이 7년에 걸쳐 성전을 건축합니다. 자신의 집을 짓는 데는 14년이 걸렸는데, 성전 건축은 7년

밖에 안 걸립니다. 더 놀라운 것은 성전 건축 기간 내내 성전 안에서 망치 소리와 돌 쪼는 소리가 들리지 않았다고 말합니다. "건축하는 동안에 성전 속에서는 방망이나 도끼나 모든 철 연장 소리가 들리지 아니하였으며"(왕상 6:7). 성전을 건축하는데 연장 소리가 들리지 않았다는 게 말이 됩니까? 그런데 이 구절 앞부분을 보면 그 이유가 나와 있습니다. "이 성전은 건축할 때에 돌을 그 뜨는 곳에서 다듬고 가져다가 건축하였으므로"(왕상 6:7). 하나님은 솔로몬에게 성전 건축 설계도를 주셨습니다. 기초 작업이 외곽에서 이뤄집니다. 설계도대로 돌을 정확하게 깎고, 빚어서 기초 작업을 마칩니다. 그런 다음 건축 현장인 성전으로 가져와 각 돌과 각목을 정확한 위치에 끼워 맞춥니다. 이런 방식으로 성전을 지으니, 성전 안에서 연장 소리가 들릴 이유가 없습니다.

전도서에서 하나님이 모든 것을 때라 따라 '아름답게 하셨다'는 말씀은 '적절하게 하셨다', 다시 말해 '정확하게 그 위치에 놓았다'는 의미입니다. 하나님은 우리의 모든 것을 정확하게 그 위치에 놓으셨습니다. 적절하게 행하고 계십니다. 공동체를 보면, 간혹 시험에 들게 하는 인물이 있습니다. '이 인간은 왜 교회에 나오지?'라는 생각까지 들게 하는 사람이 있습니다. 그 사람만 없으면 공동체에 아무 문제가 발생하지 않을 것 같기도 합니다. 그러나 이런 시각은 잘못된 것입니다.

하나님이 모든 것을 지으시되 때를 따라 아름답게 하셨습니다. 공동체에 적용하자면, 아무리 내 눈에 거슬려도, 그 사람이 부족해 보여도 주님이 피로 값 주고 산 공동체의 구성원이라면, 하나님이 그 자리에 두신 것입니다. 그 사람이 그 위치에 있어야 나의 위치가 정확해집니다. 이 자리가 가장 아름답고 적절한 것입니다. 성전을 지을 때, 각 돌을 위치에 맞게 놓으면 거기에 연결된 모든 것이 정확하게 맞아 떨어집니다. 에베소서 2장 21-22절을 보면, 교회가 예수님 안에서 서로 유기적으로 연결되어 있다고 합니다.

"그의 안에서 건물마다 서로 연결하여 주 안에서 성전이 되어 가고 너희도 성령 안에서 하나님이 거하실 처소가 되기 위하여 그리스도 예수 안에서 함께 지어져 가느니라"(엡 2:21-22).

따라서 교회 공동체 일원을 향해 그런 불평을 하고 있다면, 하나님 앞에서 엄청나게 큰 교만을 저지르는 것입니다. 하나님이 모든 것을 섭리하시되, 때를 따라 아름답게 하셨습니다. 부부 관계도 마찬가지입니다. '내가 어쩌다 이런 사람을 만났지?' 하고 후회할 때가 있습니까? 만나게 하신 분은 하나님이십니다. 하나님이 가장 아름답게 만남을 허락하신 것입니다. 자녀를 향해서도 '내가 어쩌다 이 아이를 낳았지?' 하며 한탄하는 분들이 있습니다. 하나님이 그 아이를 가장 적절한 가정에 보내신 것입니다. 하나님은 실력이 될 만한 부모에게는 조금 강한 아이를 맡기고, 실력이 안 되는 부모에게는 좋은 자녀를 맡긴다는 말이 있습니다. 그러니까 애들이 말 잘 듣고 공부 잘 한다고 자랑할 것도 없고, 말 안 듣고 공부를 조금 못 한다고 한탄할 것도 없습니다. 하나님은 모든 것을 지으시되 때를 따라 '아름답게', 다시 말해 '적절히' 하십니다. 이는 우리 인생 전체를 내다볼 때 아주 중요한 문제입니다. '야곱'이라는 인물을 통해 그 의미를 한번 살펴보겠습니다.

사기꾼 야곱의 험난한 인생

크리스천이라면 '야곱'을 모를 사람이 없습니다. 야곱은 태어날 때 형의 발뒤꿈치를 붙잡고 태어났다 해서 '움켜쥔 자', '속이는 자'라는 별명을 얻게 되었습니다. '야코푸'라는 말이 이런 뜻입니다. 그는 이름처럼 살아갑니다. 남을 속이고, 빼앗으며, 악착같이 살아갑니다. 그러다 결정적인 날을 맞이합니다. 어느 날 어

모든 끝은 시작이다

머니가 집에서 붉은 죽을 쑤고 있었습니다. 형 에서가 사냥을 갔다가 막 돌아옵니다. 허기가 진 형이 "나 좀 먹자" 하고 말합니다. 보통 동생이라면 "형, 배고프구나! 죽이야 또 쑤면 되니까 어서 먹어" 하고 말했을 것입니다. 그런데 야곱은 그 순간 거래를 합니다. "형, 공짜가 어디 있어? 죽 한 그릇 줄 테니, 장자권을 나에게 팔아!" 야곱도 참 대단하지만, 더 웃기는 사람은 형 에서입니다. 에서는 굉장히 호탕하고 남자다운 인물입니다. 털도 많고 시원시원하며, 활기차고 무예도 잘하는 사내 중의 사내입니다. 형은 야곱의 말을 대수롭지 않게 듣습니다. 엄마 치맛자락이나 잡고 부엌을 뱅뱅 도는 녀석이라고 야곱을 조금 얕잡아 봤을 수도 있습니다. 그래서 깊이 생각하지도 않고 "그래, 너 가져라!" 하고 장자권을 죽 한 그릇과 바꿔 버립니다. 그렇다고 동생이 진짜 형이 될 수는 없다고 생각했던 모양입니다. 그런데 동생 야곱은 이 거래를 늘 염두에 두고 있다가 결국 완성시킵니다.

아버지가 임종이 가까워 두 아들을 불러 축복하려 하자, 야곱은 짐승 털을 입고 들어가 에서인 척합니다. 아버지 이삭은 "음성은 야곱인데, 몸은 에서로구나" 하고는 그만 속고 맙니다. 장자인 에서에게 줄 축복을 야곱에게 다 주고 맙니다. 뒤늦게 에서가 돌아와 아버지께 축복해 달라고 합니다. 그제서야 아버지와 에서는 야곱에게 속은 것을 깨닫습니다. 이때부터 집안 분위기가 살벌해집니다. 에서가 야곱에게 화가 나서 부들부들 떱니다. ‘이놈의 자식, 내가 가만두나 봐라!’ 어머니는 이러다가 두 아들을 모두 잃게 생겼다고 걱정합니다. 그래서 야곱에게 일단 형과 아버지 눈에서 피해 있으라고 합니다.

야곱은 짐 하나만 싸들고 먼 길을 떠납니다. 처음으로 엄마 품을 떠나 끝도 없는 길을 가다가 ‘루스’라는 곳에서 밤을 맞습니다. 나중에 이름이 ‘벧엘’로 바뀌는 곳입니다. 야곱은 루스에서 돌을 베개 삼아 노숙합니다. 여기서 야곱이 노숙했다는 것은, 그가 얼마나 외롭고 두려움에 휩싸여 있는가를 잘 보여 줍니다. 이스라엘에는 음식법, 제사법, 정결법 등 굉장히 중요한 법이 있습니다. 그중에 나그네 환대법이 있습니다. 마을 근처를 지나던 나그네를 만나면 집으로 들여 맞아주는 법으로, 만약 누군가 노숙을 하면 마을 전체의 수치였습니다. 공동의 부끄러움이었던 것입니다. 그런데 야곱은 지금 노숙을 합니다. 야곱이 얼마나 외롭고 고독한 자리에 떠밀려 있는가를 잘 보여 주는 사건입니다. 특히 팔레스타인은 밤에 얼마나 추운지 모릅니다.

야곱이 이슬을 이불 삼아 오들오들 떨면서 잠이 들었는데, 하늘 문이 열리면서 사닥다리가 내려왔습니다. 야곱의 인생에 최초

모든 끝은 시작이다

로 하나님이 공개적으로 임한 사건입니다. 하나님은 이렇게 약속
하십니다.

> "내가 너와 함께 있어 네가 어디로 가든지 너를 지키며 너를 이끌
> 어 이 땅으로 돌아오게 할지라 내가 네게 허락한 것을 다 이루기까
> 지 너를 떠나지 아니하리라 하신지라"(창 28:15).

하나님이 야곱에게 하신 중요한 약속입니다. 하나님은 '내가
너와 함께 있어'라고 분명하게 말씀하십니다. 거기다 전능하신
하나님이 항상 너와 동행하며 또한 반드시 이 땅으로 돌아오게
할 것이라고 약속하십니다. 그런데 이런 의문이 생깁니다. '돌아
오게 하실 거면 왜 떠나보내지? 전능하신 하나님이면 떠나지 않
게 하실 수도 있지 않나? 야곱을 사랑하신다면서 왜 그토록 불안
이 가득한 고생길로 떠나보내시는 걸까? 여기 비밀이 있습니다.

창세기 28장 15절을 자세히 보십시오. "내가 네게 허락한 것
을 다 이루기까지"라고 말씀하십니다. 야곱의 인생을 통해 무언
가를 이루길 원하신다는 말씀입니다. 그게 무엇인지는 아직 모릅
니다. 야곱의 인생을 좀 더 살펴봅시다.

야곱은 이 약속을 받고 외삼촌 라반의 집에 도착합니다. 그곳에서 한눈에 반한 외삼촌의 둘째 딸 라헬을 아내로 얻기 위해 7년을 일합니다. 그러나 라반에게 속고 맙니다. 첫날밤에 침소로 들어온 여인은 라헬이 아닌 첫째 딸 레아였습니다. 야곱은 또다시 7년을 일한 끝에 라헬을 아내로 맞이합니다. 그런 식으로 야곱은 라반에게 오랜 세월 속임을 당합니다. 원래 사기꾼이던 야곱이 그를 능가하는 사람을 만난 것입니다. 그러면서 비로소 사람을 속인다는 것이 얼마나 나쁜 것인지, 아버지와 형이 자신에게 속았을 때 어떤 마음이었을지 깨달았을 것입니다. 그렇게 어려운 세월을 보내다 20년 만에 집으로 돌아옵니다.

돌아오는 과정에서도 우여곡절을 참 많이 겪습니다. 형을 피해 도망하다 우연히 잠든 '벧엘', 그곳에서 만난 하나님과의 언약과 서원을 기억한다면 야곱은 벧엘로 가야 마땅한데, '세겜'이라는 땅에 은근슬쩍 정착합니다. 아예 그 땅을 삽니다. 왜 그랬을까요? 아마도 세겜은 시장이 발달되어 있고, 푸른 숲까지 우거진 살기 좋은 땅이었던 것 같습니다. 무슨 장사를 해도 이익이 남을 것이라고 판단했을 것입니다. 야곱의 인생을 보면, 선택의 기초가 항상 '이익이냐 손해냐'에 있었습니다. 그 앞에서는 하나님도 잊어버렸습니다. 그 기준으로 판단하고, 땅을 사며, 장막을 친 것입니다. 그러다가 큰일이 나고야 맙니다. 외동딸 디나가 가나안 여자들의 음란하고 타락한 문화에 호기심을 느끼고 구경하러 나갔다가 추장 아들에게 몹쓸 짓을 당하고 맙니다. 이 소식을 듣고 디나의 오빠들이 거짓과 폭력으로 세겜 성을 난장판으로 만듭니다. 아버지 야곱이 자식들의 소식을 듣고 어땠을까요? 통곡과 절규를 합니다. 그런데 그의 입에서 나오는 절규를 잘 들어보십시오.

"야곱이 시므온과 레위에게 이르되 너희가 내게 화를 끼쳐 나로 하여금 이 땅의 주민 곧 가나안 족속과 브리스 족속에게 악취를 내게 하였도다 나는 수가 적은즉 그들이 모여 나를 치고 나를 죽이리니 그러면 나와 내 집이 멸망하리라"(창 34:30).

'나'라는 단어가 모두 몇 번 나옵니까? '내게, 나, 내게, 나는, 나, 나와, 내 집' 등 일곱 번이나 등장합니다. 아직도 야곱의 의식 구조에는 자기 자신이 깊이 자리 잡고 있는 겁니다. 나, 내 집, 내 직장, 내 새끼, 내 가정, 내 일터, 내 직장…. 보다 못한 하나님이 아직도 정신차리지 못하고 절규하는 야곱의 등짝을 내리치십니다.

하나님이 야곱으로 하여금 "반드시 돌아오게 할 것"이라고 약속한 땅이 바로 이곳입니다. 야곱은 하나님의 약속을 기억하고 당연히 이곳으로 돌아왔어야 합니다. 그러나 은근슬쩍 세겜에 장막을 쳤다가 결국 씻을 수 없는 아픔을 겪게 된 것입니다.

빼앗기는 세월 속에서 비로소 깨닫다

벧엘로 가면서 이제 많은 것을 빼앗기게 됩니다. 그렇게 아끼고 사랑하던 아들 요셉이 없어집니다. 또 기근이 들어 그렇게 악착같이 모았던 재산이 모두 날아갑니다. 손에 쥐고 있던 것을 모두 빼앗기는 어쩔 수 없는 세월이 시작된 것입니다.

훗날 바로의 나라 애굽에서 아들 요셉을 만났을 때 야곱이 제일 먼저 했던 일이 무엇입니까? 바로에게 축복을 합니다. 남의 나라에 와서 왕을 만나자마자 축복을 하다니, 무슨 일입니까? 야곱은 이제야 무엇이 중요한지를 알게 되었기 때문입니다. '당신이

모든 끝은 시작이다

아무리 세상의 신과 같다 해도 하나님의 복을 받지 않으면 소용없다. 하나님의 복을 받아야 한다.' 이런 생각이었을 것입니다.

애굽 왕 바로가 기가 막혀 묻습니다. "네 나이가 얼마냐"(창 47:8). 야곱이 대답합니다. "내 나그네 길의 세월이 백삼십 년이니이다 내 나이가 얼마 못 되니 우리 조상의 나그네 길의 연조에 미치지 못하나 험악한 세월을 보내었나이다"(창 47:9).

그 뒤 야곱은 거기에서 살다가 죽을 때가 되어서 열두 아들을 불러 복을 빌어 줍니다. 한 명씩 기도를 해 주다가 요셉 차례에 이릅니다. 요셉을 향한 기도에서 조금 헷갈리는 부분이 나옵니다.

"네 아버지의 축복이 내 선조의 축복보다 나아서"(창 49:26).

여기서 '네 아버지'가 누구입니까? 야곱 자신입니다. 다시 말해, 야곱이 받은 축복이 앞서 이삭과 아브라함이 받은 축복보다 낫다는 말입니다. 아브라함과 이삭이 누렸던 영적인 복보다 자신은 더 큰 복을 누렸다는 말입니다. 흔히 가장 속 썩인 자식이 엄마 마음을 가장 잘 알아준다고들 합니다. 딱 그 모양새입니다. 하나님 속을 가장 아프게 한 야곱이기에 하나님의 마음을 가장 잘 알고, 누구보다 더 하나님과 가까이 지냈다는 말입니다. "하나님을 경험한 것으로 치자면 나보다 쎈 사람이 없다"는 말입니다.

괴롭고 힘든 순간에 야곱은 도무지 이해하지 못했을 것입니다. '하나님이 살아 계시다면 왜 나를 이토록 어렵게 하시지? 나를 사랑하신다면서 왜 이토록 괴롭게 하시지?' 하지만 돌고 돌아서 온 먼 길을 하나님의 관점에서 되짚어 보니, 과연 하나님은 때를 따라 적절하게 하셨다는 것을 깨달았을 것입니다. 인생 속의 희노애락들, 정말 견디기 힘든 폭풍우까지 무의미한 시간은 하나도 없습니다. 모두 이유가 있습니다. 우리가 전부 이해할 수는 없습니다. 그러나 하나님의 가슴 아픈 손길과 허용할 수밖에 없었던 아픔까지도 모두 나를 위한 것이었음을 언젠가는 깨달을 것입니다.

하나님의 때를 기다리는 믿음의 사람이 돼라

개인적으로도 어려운 일을 많이 겪었습니다. 고등학교를 두 번씩이나 중퇴하면서 새 장수, 단추 장수, 테이프 장수, 인쇄소 조수

등 별별 일을 다 겪었습니다. 그때는 정말 내가 왜 이런 시간을 겪어야 하는지 이해할 수가 없었습니다. 그런데 먼 훗날 목회자가 되어 어느 교회 부목사로 있을 때였습니다. 보통 다른 교회에는 없는 '직장전도 교육부'가 있었습니다. 처음에는 '넥타이 매고 헤이즐넛 커피 마시며 우아하게 성경공부하는 그룹'인 줄 알았습니다. 그런데 알고 보니, 정상적인 학부 과정을 밟지 못한 학생들을 위해 교육하는 부서였습니다. 학교를 떠난 처지라 중등부나 고등부에 들어갈 수 없는 일명 공돌이, 공순이들의 모임이었습니다. 그 이야기를 듣고 '아, 나를 위한 부서구나!' 싶었습니다. 자청해서 이 부서를 맡았습니다. 그런데 이곳에서 늘 마음속으로 소원하던 공부할 기회를 얻었습니다.

하나님이 일하시는 방식은 우리의 계산 방법과 다릅니다. 지금 힘든 시간을 보내고 있습니까? 해석조차 안 되는 상황입니까? 갈등 가운데 놓여 있습니까? 바로 믿음이 필요한 때입니다. 하나님은 모든 것을 행하시되 때를 따라 아름답게 하십니다. 이 약속이 바로 우리 삶을 지탱하는 믿음의 고백이 되어야 할 것입니다.

전도자의 지혜

1. 때를 따라 모든 것을 운행하시는 하나님

솔로몬은 "하나님이 모든 것을 지으시되 때를 따라 아름답게 하셨고"라고 말합니다. 여기에서 '지으시되'는 영어로 'made'가 아니라 'doing'의 개념입니다. 즉 하나님이 모든 것을 섭리하시며 행하시고 통치하신다는 말씀입니다. 또한 '때를 따라'는 우리가 바라는 시점이 아니라 하나님의 때가 있다는 의미입니다. 하나님은 때를 따라 '아름답게' 하셨습니다. 'beautiful'이 아니라 '적절하게 하셨다'는 뜻입니다.

2. 우리 삶을 아름답게 하시는 하나님

교회 공동체에서 생활하다 보면, 시험에 들게 하는 사람이 있습니다. 그러나 그 사람 역시 하나님이 공동체의 딱 맞는 자리에 놓으신 사람입니다. 하나님이 제각각의 돌들을 정확한 자리에 놓아 성전을 완성하신 것처럼 우리 공동체도 아름답게 하십니다. 그가 그 자리에 있기에 내 자리가 더욱 분명한 것입니다.

3. 하나님이 때를 따라 아름답게 한 야곱처럼

야곱은 자신의 계산과 방법을 따라 살았던 사람입니다. 하지만 결국 그보다 더한 사기꾼 라반에게 속임을 당하고, 또한 이방 민족에게 외동딸이 강간을 당하고, 사랑하는 아들 요셉을 잃어버리고, 기근으로 모든 것을 잃어버리는 등의 어려움을 통해 아름다운 하나님의 사람으로 다듬어집니다. 어려움 가운데 있습니까? 오늘날 우리에게는 야곱의 하나님을 바라보는 믿음이 필요합니다. 하나님은 우리 삶의 모든 것을 때를 따라 아름답게 하십니다.

모든 끝은 시작이다

전도자의 삶

1. 전도서 3장 11절 말씀을 읽은 뒤, "하나님이 모든 것을 지으시되 때를 따라 아름답게 하셨고"라는 말씀을 쉬운 말로 풀어 보십시오.

2. 인간관계에서 어려움을 겪고 있습니까? 어떤 일인지 하나님께 아뢰고, 앞으로 그 사람을 바라보는 내 시각이 바뀌도록 기도하십시오.

3. 교회 생활을 돌아봅시다. 에베소서 2장 21-22절과 로마서 12장 14-21절을 읽고 내가 속한 팀, 가정, 직장에 적용할 수 있는 것은 무엇인지 나누어 봅시다.

내가 또 다시 해 아래에서
헛된 것을 보았도다 어떤 사람은 아들도 없고
형제도 없이 홀로 있으나 그의 모든 수고에는
끝이 없도다 또 비록 그의 눈은 부요를 족하게 여기지
아니하면서 이르기를 내가 누구를 위하여는
이같이 수고하고 나를 위하여는 행복을 누리지
못하게 하는가 하여도 이것도 헛되어 불행한 노고로다
두 사람이 한 사람보다 나음은 그들이 수고함으로
좋은 상을 얻을 것임이라 혹시 그들이 넘어지면 하나가
그 동무를 붙들어 일으키려니와 홀로 있어 넘어지고
붙들어 일으킬 자가 없는 자에게는 화가 있으리라
또 두 사람이 함께 누우면 따뜻하거니와
한 사람이면 어찌 따뜻하랴 한 사람이면 패하겠거니와
두 사람이면 맞설 수 있나니 세 겹 줄은
쉽게 끊어지지 아니하느니라

전도서 4:7-12

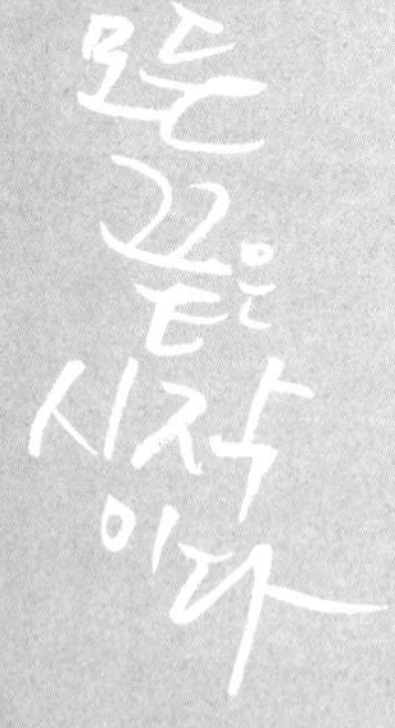

5장

누구와 함께 갈 것인가

유난히 햇살이 맑은 어느 날이었습니다. 오랜만에 공원 벤치에 앉아 나뭇가지 사이로 올라온 연둣빛 싹을 보고 있는데 기분이 참 좋았습니다. 그런데 옆에 앉아 있던 한 청년이 하늘을 쳐다보더니 "에이, 날씨도 더럽게 좋네!"라고 말하는 게 아닙니까? 순간, 저 청년 속이 얼마나 무너져 있으면 이렇게 아름다운 봄날을 저렇게 표현할까 싶었습니다. 사람들이 오가는 거리를 한번 보십시오. 번듯하게 가방 메고 넥타이 맨 사람들이 어디론가 분주하게 향합니다. 다들 그럴듯해 보이지만, 속으로는 이 청년 못지않게 답을 찾지 못한 절망감에 휩싸여 있는지도 모릅니다.

오래된 글 하나를 소개합니다. 한국의 천재적인 작가 이상이 쓴 글인데, 1937년 5월 『조선일보』에 한 주 동안 게재되었다고 합니다.

"어서- 차라리- 어둬 버리기나 했으면 좋겠는데- 벽촌(僻村)의 여름- 날은 지리해서 죽겠을 만치 길다. 동에 팔봉산(八峯山), 곡선은 왜 저리도 굴곡이 없이 단조로운고? 서를 보아도 벌판, 남을 보아도 벌판, 북을 보아도 벌판, 아- 이 벌판은 어쩌라고 이렇게 한이 없이 늘어놓였을꼬? 어쩌자고 저렇게까지 똑같이 초록색 하나로 되어먹었노? 농가가 가운데 길 하나를 두고 좌우로 한 10여 호씩 있다. 휘청거린 소나무 기둥, 흙을 주물러 바른 벽, 강낭대로 둘러싼 울타리, 울타리를 덮은 호박넝쿨, 모두가 그게 그것같이 똑같다. 어제 보던 맵싸리나무, 오늘도 보는 김 서방, 내일도 보아야 할 신둥이 검둥이."

'권태'라는 수필의 일부입니다. 작가 눈에는 주변 상황이 절망적이고 권태롭게 보였습니다. 당시 우리나라는 국권을 잃고 가난하고 단조로운 삶이 반복되던 절망의 시대였습니다. 어쩌면 눈앞에 펼쳐진 풍경은 참으로 아름답고 목가적인 풍경인데, 그 시대를 사는 사람들의 마음은 그렇지 않았던 것입니다.

온갖 부귀영화를 누린 솔로몬 역시 이러한 절망을 경험한 듯합니다. 권력을 모두 쥐어도, 가지고 싶은 것을 모두 가져도 진정한 평안과 위안을 얻지 못했습니다. 권력자 솔로몬의 솔직한 고백들

모든 끝은 시작이다

을 따라가 봅니다.

이 땅에는 참된 위로자가 없다

솔로몬은 이 세상에는 참된 위로자가 없다고 말합니다. 4장 1-2절을 봅시다.

"내가 다시 해 아래에서 행하는 모든 학대를 살펴보았도다 보라 학대 받는 자들의 눈물이로다 그들에게 위로자가 없도다 그들을 학대하는 자들의 손에는 권세가 있으나 그들에게는 위로자가 없도다 그러므로 나는 아직 살아 있는 산 자들보다 죽은 지 오랜 죽은 자들을 더 복되다 하였으며"(전 4:1-2).

솔로몬이 말하는 '위로자'는 단순히 눈물을 닦아 주며 위로할 사람을 말하는 것이 아닙니다. 그는 '학대하는 자들' 위치에 있던 사람입니다. 부귀와 권력을 모두 가지고 나라를 다스린 사람입니다. 그런 그가 강조하듯이 '이 땅에는 위로자가 없다'고 말합니다. 이 말은 '공의와 정의가 없다'는 의미입니다. 정말 세상에는 진정한 공의와 정의가 없습니까?

영화 "실미도"는 우리나라 근대사에 있었던 실제 사건을 각색한 것입니다. 실제로 1968년에 1·21 사태가 일어났습니다. 북한 특수부대 요원 서른한 명이 세검정 고갯길까지 들어와 대통령을 사살하려고 했습니다. 서울 시내는 발칵 뒤집혔고 특수요원 가운데 한 명만 생포되고 모두 사살되었습니다. 이 사건에 충격을 받은 국정원이 북한의 특수부대에 맞대응할 만한 부대를 하나 만듭니다. 서른한 명의 젊은이들이 실미도에서 특수훈련을 받았습니다. 그러나 1년이 지나고 2년이 지나도 아무런 명령이 없으니, 청년들이 견디지를 못합니다. 결국 버스 한 대를 탈취해 서울로 올라와 자폭을 하고 맙니다.

영화를 보면서 국가 이기주의가 얼마나 무서운 결과를 낳을 수 있는지를 깨달았습니다. 국가의 이익과 명예, 그리고 애국이란 이름으로 한 인권과 인격이 휴지 조각처럼 취급되는 것이 마음 아팠습니다. 근현대사에 무수히 벌어졌던 일입니다. 국가의 이익도 중요하지만 그에 못지않게 더 중요한 가치는 한 인간의 존귀함입니다.

오랜 시간 한 나라를 강대국으로 이끈 권력자 솔로몬은 뒤늦게 이것을 깨닫습니다. "그들을 학대하는 자들의 손에는 권세가 있으나 그들에게는 위로자가 없도다." 이 말은 뒤집어 얘기하면 이

모든 끝은 시작이다

런 질문입니다. "이 땅에는 참된 위로자가 없다. 그렇다면 참된 위로자란 누구인가?" 전도서 4장은 이처럼 중요한 질문으로 시작합니다. 솔로몬은 이제 참된 위로자를 찾아 나서는 여정에 오릅니다.

참된 위로자는 누구인가

'친구'라는 말의 사전적 정의를 보면, '오래 두고 사귀어 온 벗'입니다. 「런던타임즈」에서 '친구'에 대한 정의를 공모한 적이 있습니다. 그중에서 이런 대답이 있었습니다. "친구도, 아내도, 명예도, 건강도 모두 떠날 때 묵묵히 찾아오는 사람." 맞는 말입니다. 그런데 정말 그에게서 궁극적인 위로를 얻을 수 있을까요?

세상 사람들은 부모, 자녀, 연인, 친구, 돈, 재력 등을 참된 위로자로 삼고 살아가려 합니다. 그러나 시간이 지나면 모두 떠나고 사라지고 맙니다. 그렇다면 참된 위로자는 과연 누구일까요? 이 질문에 대한 답으로 좋은 예가 바로 욥기서입니다. 욥은 고난을 통해 참된 위로자가 누구인지 깨닫습니다.

보통 '욥기' 하면 고난을 다룬 책이라 생각합니다. 고난이 등장하는 것은 맞지만, 욥기는 더 근본적인 신학적 질문을 던지는 책입니다. 욥은 당대의 의인이었습니다. 그런데 어느 날 사탄이 시험을 합니다. 자녀도 잃고, 재산도 잃고, 건강까지 잃습니다. 친구들이 찾아와서는 위로랍시고 말합니다. "무슨 까닭이 있으니까 고난을 겪는 거 아니냐? 이럴 때 네 자신을 살펴봐라." 우리도 흔히 고통당하는 친구나 병든 이를 찾아가 위로한답시고 신앙적인 얘기를 할 때가 있는데, 조심해야 합니다. "얼마나 아프세요? 제가 기도해 드릴게요." 그 말밖에는 해 줄 말이 없습니다. 우리 입으로 위로와 격려를 하려다가 오히려 상처를 덧내는 경우가 많기 때문입니다. 욥은 심지어 아내라는 사람에게서도 버림받습니다. 욥의 아내는 "당신이 믿는 하나님을 욕하고 죽으세요"라며 저주하고 떠납니다. 욥은 얼마나 괴로웠을까요?

자기 자신마저도 무너질 수밖에 없었습니다. "하나님, 제가 뭘 잘못했습니까?"라며 울부짖었습니다. 그렇게 캄캄하고 단단한 벽에 부딪혔을 때 하나님이 오셔서 인간사의 구조를 뛰어넘는 질문을 하십니다. "욥아, 내가 하늘에 궁창을 펼 때 너는 어디 있었느냐? 별을 달고, 해를 달 때 너는 어디 있었느냐? 땅의 기초를 놓을 때 너는 어디 있었느냐?" 욥이 화들짝 놀래서 대답을 못합니다. '내 인생의 물음보다 더 큰 질문이 있었구나!' 그리고 깨닫습니다. '절대자와 인간 사이에는 건널 수 없는 간격이 있구나! 누군

모든 끝은 시작이다

가 이 사이에 중재자가 있어야겠구나!' 그러고는 유명한 신학적 해답을 꺼내 놓습니다.

> "내가 주께 대하여 귀로 듣기만 하였사오나 이제는 눈으로 주를 뵈옵나이다"(욥 42:5).

하나님에 대한 인식과 신앙 고백이 달라집니다. 그제야 참된 신앙인이 됩니다. 욥에게는 다른 위로자가 없었습니다. 친구도 아내도 모두 그에게 위로가 되지 못했습니다. 절대자 하나님만이 참된 위로자이십니다.

솔로몬은 욥과 정반대 상황입니다. 모든 권력과 부귀영화의 정점에서 인생사를 경험했습니다. 그러나 그 역시 깨닫습니다. 이 땅에는 참된 위로, 다시 말해 온전한 공의와 정의가 없다는 것 말입니다.

이 세상에는 참된 안식이 없다

솔로몬이 이번 장에서 이야기해 주는 두 번째 깨달음은 무엇일까요? 솔로몬은 사람들이 하는 모든 수고와 재주에 대해 말합니다.

사람들은 열심히 일합니다. 처자식이 있으나 없으나 수고를 합니다. 그런데 수고에는 끝이 없습니다. 안식이 없다는 말입니다. 아무리 열심히 수고해도 참된 안식을 맛볼 수 없다는 것입니다.

여기서 '안식'이라는 말의 의미는 무엇입니까? 보통 '안식'이라고 하면 '쉼'을 생각합니다. 열심히 일한 다음에 푹 쉬는 것을 떠올립니다. 그러나 참된 안식이란 휴식이 아니라 '누림'의 개념입니다. 하나님은 6일 동안 천지만물을 창조하셨습니다. 그리고 7일째 되는 날 안식하셨습니다. 너무 힘드셔서 푹 쉬셨다는 말입니까? 아닙니다. 6일 동안 창조한 모든 것이 더 이상 손댈 일 없이 온전하고 완전했다는 말입니다. 그래서 안식하셨다는 것입니다. 보시고 흐뭇하여 적극적으로 누리셨습니다.

솔로몬이 안식을 누리지 못했다는 말은 "내가 누리지 못하고 살았다"는 말입니다. 인생이 그렇습니다. 아무리 수고해 봐야 전부 남 좋은 일만 시키고 있지 정작 본인은 누리고 살지 못합니다. 결코 안식을 얻지 못합니다. 왜 그럴까요? 성경에 그 답이 있습니다.

"내가 또 본즉 사람이 모든 수고와 모든 재주로 말미암아 이웃에게 시기를 받으니 이것도 헛되어 바람을 잡는 것이로다"(전 4:4).

사람이 하는 모든 수고와 재주는 이웃에게 시기를 받습니다. 나만 시기를 받는다는 말이 아닙니다. 나도 남의 수고와 재주를 시기합니다. 시기가 무엇입니까? 욕심입니다. 이것이 인간이 안식하지 못하는 근본적인 이유입니다. 욕심이 우리 속에서 발아해서 자꾸 남들을 시기하도록 충동질합니다. 그 시기심과 욕망, 죄성 때문에 참된 안식이 찾아오지 않는 겁니다.

두 젊은이가 해경이 되기 위해 시골에서 올라와 동고동락을 했습니다. 열심히 공부해서 함께 시험을 쳤습니다. 경쟁률이 엄청 높았습니다. 둘이 같이 붙으면 좋았을 텐데, 한 녀석은 붙고 다른 한 녀석은 떨어졌습니다. 오랜 시간 한 방에서 같이 자고 같이 먹고 같이 공부하며 고생했는데, 안타깝게도 둘의 결과가 달랐습니다. 온전히 기뻐하지도, 온전히 슬퍼하지도 못하고 애매하게 시간이 지났습니다. 시험에 붙은 친구가 체력 테스트를 받으러 가는 날이 되었습니다. 함께 지냈던 친구가 드링크제를 건네며 격려했습니다. "나는 어차피 떨어졌지만, 너는 이거 먹고 힘내서 좋은 결과를 얻기 바란다." 고마운 마음에 드링크제를 단숨에 마셨습니다. 그런데 체력장에 들어서자마자 갑자기 온몸에 경련이 일어났습니다. 응급조치 끝에 생명은 건졌습니다만 경찰 조사 결과가 충격적이었습니다. 친구가 시기심에 눈이 멀어 몹쓸 짓을 한 것이었습니다.

참 충격적인 사건입니다. 작은 시기심이 무서운 결과를 낳았습니다. 그런데 생각해 보십시오. 우리 속에도 그런 시기심이 있지 않습니까? 이 친구처럼 적극적으로 행동하지 않을 뿐이지, 우리 안에도 시기심이 가득합니다. 그것 때문에 인간은 쉬지 못하는 겁니다.

인간이 만든 '평화'란 무엇입니까? 힘의 균형입니다. 서로 싸우고 전쟁을 치러 평화를 이룹니다. 하지만 언제 깨질지 모르는 불완전한 것입니다. 참된 평화가 아닙니다.

예수님을 통해 우리는 참된 평화와 평안이 무엇인지를 깨닫고 누립니다. 예수님은 하나님과 인간 사이를 온전하게 회복시키셨습니다. 이것이 참된 평화입니다. 하나님과의 관계가 회복되면 참된 평안이 찾아옵니다. 하나님과의 관계가 먼저입니다. 그 관계를 온전히 회복하지 못하면 참된 안식이 없습니다.

더 영원한 것을 좇을 때 누리는 안식

어린아이들끼리 작은 물건을 두고 싸우는 것을 보면 참 재미있습니다. 별 거 아닌 것도 다른 친구가 탐내면 손에 꼭 쥐고 놓지를 않습니다. 그런데 더 좋은 것을 주면 얼른 손에 쥐었던 것을 놔 버립니다. 하나님을 좇는 것도 바로 이와 같은 원리입니다.

하나님은 우리에게 더 좋은 것을 주셨습니다. 그것을 좇을 때 비로소 손에 움켜쥔 것들을 놔 버릴 수 있습니다. 내 안의 욕심과 시기심을 이길 수 있습니다. 사도 바울은 "오직 한 일 즉 뒤에 있는 것은 잊어버리고 앞에 있는 것을 잡으려고 달려간다"고 말합니다(빌 3:13-14). '좇아 간다'는 말이 바로 이런 뜻입니다. 로마 시대에 귀족들은 사냥 경주를 즐겼습니다. 더 가치 있는 동물을 사냥한 사람이 이기는 게임입니다. 각자 무기를 들고 숲으로 들어섭니다. 토끼를 발견합니다. 그런데 '저놈이다' 하고 토끼를 향해 창을 던지려는 순간, 노루가 나타납니다. 순간적으로 판단해야 합니다. 어느 놈을 잡아야 이길 확률이 높을까요? 노루입니다. 그렇다면 목표했던 토끼를 마음에서 내려놔야 합니다. 그리고 노루를 향해 창을 던져야 합니다. 바로 '좇아 간다'는 표현이 이런 뜻입니다. 더 좋은 것을 위해 그보다 못한 것을 놓아 버리는 것입니다.

크리스천들에게는 그 무엇과도 비교할 수 없는 가치가 있습니다. 그 가치를 붙잡기 위해 다른 것들은 손에서 놔야 합니다. 일상에서 늘 벌어지는 싸움입니다. 그 싸움에서 늘 더 좋은 것을 선택하고 더 영원한 가치를 붙잡는 사람이 참된 쉼과 안식과 평화를 누릴 수 있습니다. 솔로몬은 "두 손에 가득하고 수고하며 바람을 잡는 것보다 한 손에만 가득하고 평온함이 더 나으니라"(전 4:6)고 말합니다. 두 손에 가득하지 않아도 됩니다. 절대 가치를 발견한 크리스천들은 평온함을 얻습니다.

과수원을 하는 한 아버지가 하루는 아들을 데려다가 거름 치는 법을 가르쳤습니다. 일 년 내내 자질구레한 과수원 일을 시켰습니다. 아버지는 아들에게 과수원을 물려줘야겠기에, 하나하나 배우게 한 것입니다. 그런데 아들은 하찮은 일만 하는 것 같아 속으로 불만이 쌓였습니다. 하루는 아버지가 걱정이 되어 과수원을 둘러보는데, 아들이 사과나무에서 사과를 따서는 큰 자루에 넣고 있었습니다. 아들은 사과를 몰래 훔쳐서 팔아먹을 요량이었던 것

모든 끝은 시작이다

입니다. 아버지는 다가가 아들 뒤통수를 한 대 때렸습니다. 이 얼마나 바보 같은 짓입니까? 과수원은 결국 누구의 것입니까? 아버지는 아들에게 물려줄 것입니다.

베드로는 크리스천이란 '하늘의 유업을 이을 자'라고 말합니다. '상속자'라는 말입니다. 눈을 열어 하늘의 유업, 곧 절대 가치를 바라보십시오. 그러면 이 땅의 것들을 움켜쥐고 징징대며 싸우지 않게 됩니다. 그러나 영원한 가치를 알지 못하고 붙잡지 못하면 평생 징징대며 싸울 수밖에 없습니다. 마음의 평안을 누리지 못합니다. 진정한 쉼과 안식이 없습니다.

성령님과 함께 갈 때 안식을 얻는다

그렇다면 이제 어떻게 해야 합니까? 솔로몬은 갑자기 "함께 가라"고 말합니다. 무슨 의미일까요?

> "두 사람이 한 사람보다 나음은 그들이 수고함으로 좋은 상을 얻을 것임이라 혹시 그들이 넘어지면 하나가 그 동무를 붙들어 일으키려니와 홀로 있어 넘어지고 붙들어 일으킬 자가 없는 자에게는 화가 있으리라"(전 4:9-10).

여기서 "함께 가라"는 말씀은 중요한 모형적 설명입니다. 성경 전체에 걸쳐 하나님은 인간과 어떻게 관계를 발전시켜 오셨습니까? 창세기에서 하나님과 인간은 창조주와 피조물로 만났습니다. 족장 시대로 넘어오면서 그분은 왕이 되고, 인간은 그의 백성이 됩니다. 그러다가 다윗 시대로 넘어오면서 왕과 백성이던 관계가 혁명적으로 바뀝니다. 다윗은 "여호와는 나의 목자시요, 나는 그의 양"이라고 고백합니다. 이스라엘 민족으로서는 절대 생각할 수 없었던 사고방식입니다. 여호와가 목자가 되십니다. 여기서 다시 선지서 시대로 넘어옵니다. 하나님은 아버지가 되시고, 인간은 그의 자녀가 됩니다. 이를 '점진적 계시 발전'이라고 합니다.

그런데 하나님은 이것도 성에 차지 않으셨던 모양입니다. 신약 시대로 오면서, 우리를 예수님과 한 몸으로 묶습니다. 예수님은 신랑이시요, 교회인 우리는 신부입니다. 창세기 1장을 보면, 아담이 독처하는 것이 보기에 좋지 않으니 아담의 갈비뼈를 빼 신부인 하와를 만드십니다. 신약 시대로 넘어와 두 번째 아담이신 예수님은 옆구리에 창을 받으시고 물과 피를 쏟아내어 자신을 제물로 줍니다. 거기서 신부인 교회가 탄생한 겁니다. 여기가 끝이 아닙니다. 예수님이 공생애를 마치시고 하늘로 가시면서 우리 안에 당신의 영, 곧 성령님을 주십니다. 성령 하나님의 시대로 넘어오

모든 끝은 시작이다

면서 비로소 "내가 너희 안에, 너희가 내 안에" 있는 참된 위로와 안식이 가능해졌습니다.

참된 안식을 누리기 위해 우리는 누구와 함께 가야 합니까? 바로 성령 하나님이십니다. 참된 위로자가 누구입니까? 바로 성령 하나님이십니다. 성령님의 별명이 뭔지 아십니까? '보혜사'입니다. 위로자, 변호자를 합한 개념입니다.

"이 세상에서는 결코 위로와 안식을 얻을 수 없다"는 솔로몬의 고백은 결국 우리로 하여금 성령님을 바라보게 합니다. 우리는 그분과 함께 있을 때 온전해집니다.

현대인들은 갈수록 형무소의 독방과 같은 고독의 방에 스스로를 몰아넣고 있습니다. 스마트폰이 일반화되면서 다들 자기도 모르게 고독의 방으로 들어갑니다. 트랜지스터(Transistor)를 만들어 인류 발전에 큰 공을 세운 윌리엄 쇼클리는 어느 날, 휴게소에서 함께 식사하는 가족을 보고 충격을 받았습니다. 한 탁자에 둘러앉아 있지만, 저마다 이어폰을 꽂고는 전혀 대화를 하지 않더라는 겁니다. 그는 훗날 공로상을 받는 자리에서 이렇게 고백했습니다. "사람에게 유익을 주려고 만든 이기(利器)가 가족 간의 대화를 단절하는 흉기가 될 줄 몰랐습니다." 결국 우리 손으로 만든 것들이 우리를 더욱 고독하게 만드는 게 현실입니다. 그래서 우리에게는 위로자가 있어야 합니다.

권력의 정점에도 앉아 보고 부귀영화도 모두 누려 본 솔로몬이 바로 이 사실을 깨달은 것입니다. 하나님만이 우리의 위로자이십니다. 보혜사 성령님만이 우리에게 진정한 위로자가 되십니다.

오래 전, 아름다운 조국 산천을 바라보면서도 절망을 노래한 이상 시인처럼 지금 마음이 무너져 있지는 않습니까? 두 손에 부귀영화를 다 가졌지만 고독의 방에서 홀로 눈물 흘리고 있지는 않습니까? 조용히 말씀을 통해 우리 마음을 두드리시는 성령님의 음성에 귀를 기울이십시오. 고단하게 짊어지고 다니던 삶의 고통스런 문제들을 십자가 앞에 풀어놓으십시오. 세밀한 성령님이 어디서도 얻을 수 없던 진정한 위로를 허락하실 것입니다. 어떤 환란도 빼앗지 못할, 어떤 어려움에도 무너지지 않을 참된 위로를 누리실 것입니다.

모든 끝은 시작이다

모든 고통의 시작이다

전도자의 지혜

1. 이 세상에는 참된 위로자도 안식도 없습니다.

솔로몬은 "그들에게는 위로자가 없도다"라고 말합니다. 우리는 부모, 자녀, 연인, 돈, 재력을 통해 위로를 얻고자 합니다. 그러나 이 땅에는 참된 위로자가 없습니다. 왜 그럴까요? 우리 안의 욕심이 안식을 막기 때문입니다. 욕심은 시기심을 발동시켜 불안하게 하고 분노하며 화를 내게 만듭니다. 결코 우리 힘으로는 안식을 누릴 수 없습니다.

2. 참된 안식은 영원한 가치를 좇을 때 얻습니다.

크리스천에게는 영원한 절대 가치가 있습니다. 손에 쥐고 있는 세상 것들과는 비교할 수 없는 좋은 것들입니다. 예수님이 주시는 절대 가치를 붙들어야 진정한 안식을 누릴 수 있습니다. 크리스천은 '하늘의 유업을 이을 자' 들입니다. 눈을 열어 하늘의 유업, 곧 절대 가치를 바라보십시오.

3. 성령님과 동행함으로 참된 위로와 안식을 누리십시오.

권력의 정점에서 이 세상의 허무를 고백하며 탄식하던 솔로몬은 결국 우리로 하여금 하나님을 바라보게 합니다. 하나님은 우리에게 진정한 위로자이며 변호자 되시는 성령님을 보내 주셨습니다. 우리는 그분과 함께 있을 때 온전해지며 참된 위로를 얻습니다. 성령님과 동행함으로 고독에서 벗어나 참된 안식을 누릴 수 있습니다. 고단하고 고통스러운 문제를 십자가 앞에 내려놓으십시오. 그리고 세밀한 음성으로 말씀하시는 성령님께 귀 기울이십시오. 세상 어느 것도 빼앗을 수 없는 위로와 안식을 누릴 것입니다.

모든 끝은 시작이다

전도자의 삶

1. 요즘 나는 무엇을 통해 위로와 안식을 얻으려고 애쓰며 살고 있습니까? 손에 쥐지 않으면 나를 초조하게 만드는 것은 무엇입니까?

2. 이번 장을 통해 정리한 참된 안식은 무엇이며 진정한 위로자는 누구인가요? 실제로 그 위로와 안식을 누렸던 경험이 있습니까? 없다면 그 이유는 무엇입니까?

3. 성령님이 찾아오셔서 참된 위로와 안식을 주시기를 간절히 바라며 날마다 기도하십시오.

가난하여도 지혜로운 젊은이가 늙고
둔하여 경고를 더 받을 줄 모르는 왕보다 나으니
그는 자기의 나라에서 가난하게 태어났을지라도
감옥에서 나와 왕이 되었음이니라
내가 본즉 해 아래에서 다니는 인생들이
왕의 다음 자리에 있다가
왕을 대신하여 일어난 젊은이와 함께 있고
그의 치리를 받는 모든 백성들이 무수하였을지라도
후에 오는 자들은 그를 기뻐하지 아니하리니
이것도 헛되어 바람을 잡는 것이로다

전도서 4:13-16

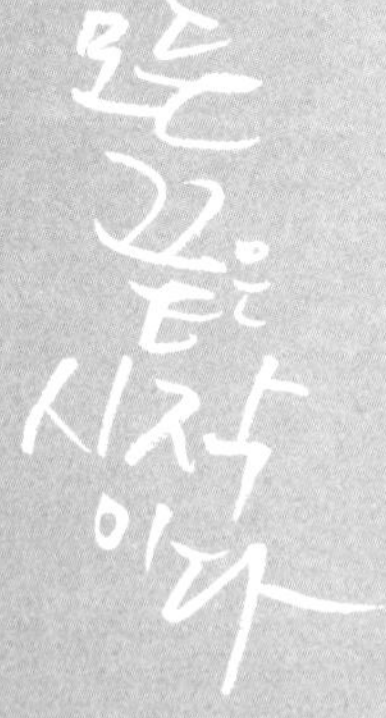

6장

바람과 함께 사라지다

이번 장에서 우리는 참된 지혜가 무엇인지 다시 한 번 생각하게 됩니다. 또한 요셉과 다윗을 만나, 그들의 인생을 뛰어넘는 인생의 참된 위로자를 만납니다.

듣는 마음 vs 닫힌 귀

솔로몬은 두 종류의 인생을 소개합니다. 가난하고 지혜로운 젊은이와 늙고 둔한 왕입니다. 참으로 재미있는 비교입니다.

"가난하여도 지혜로운 젊은이가 늙고 둔하여 경고를 더 받을 줄 모르는 왕보다 나으니"(전 4:13).

왕은 어떤 사람입니까? 권력과 부귀영화를 모두 가진 사람입니다. 그런데 젊은이보다 못하다는 평가를 받습니다. '늙고 둔하여 경고를 더 받을 줄 모르기 때문'입니다. 고독과 아집만 남아 다른 사람의 직언을 받아들이지 못한다는 뜻입니다. 늙으면 철이든다는 말을 들어봤을 것입니다. 동의하십니까? 이는 새빨간 거짓말입니다. 늙으면 고집과 고독만 남습니다. 자신이 살아온 인생이 전부라고 생각하기 때문입니다. 점점 귀를 닫습니다. 자리가 올라가고 부가 쌓일수록 더욱 그렇습니다.

왕과 대조적으로 젊은이는 어떤 사람입니까? '가난하고 지혜로운 젊은이'입니다. 모든 것을 다 가진 왕과 가난한 젊은이. 아주극적인 대비 구조입니다. 그렇다고 '가난' 자체를 좋다고 말하는것은 아닙니다. 여기서 초점은 '물질의 있고 없음'이 아닙니다. 가진 것이 많아도 마음이 가난한 사람도 많습니다. 마음이 가난하다는 것은 무엇입니까? 자신에게 누군가의 도움이 간절하다는 것을 아는 마음의 상태입니다. 예수님 역시 "심령이 가난한 자는 천국이 저희 것임이니라"고 말씀하셨습니다. 젊은이의 또 다른 특징은 지혜롭다는 것입니다. 지혜를 상징하는 대표적인 인물이 누구입니까? 솔로몬입니다. 솔로몬은 왕이 되고 나서 하나님께 지혜를 구했습니다. 여기서 '지혜'라는 단어는 히브리어로 '렙쇼메아'인데 '잘 듣는 마음'이라는 뜻입니다.

남들보다 높은 자리에 앉아 부유해지고 경험이 쌓이면 남의 말을 잘 안 듣습니다. 늙는 경우와 마찬가지로 고집만 남고 외로워집니다. 갈수록 다른 사람의 말을 경청하는 것이 쉽지 않습니다. 그러나 생각해 보십시오. 성경에서 믿음은 어디에서 나온다고 말합니까? 들음에 난다고 했습니다. 듣는 것이 지혜입니다. 듣는 지혜는 하늘의 복입니다. 솔로몬은 바로 이 지혜를 이야기하고 있습니다. '듣는 마음'이 있는 젊은이가 '귀를 닫은' 왕보다 낫다고 말합니다.

요셉

솔로몬은 다음 구절에서 어떤 인물을 언급합니다. "그는 자기의 나라에서 가난하게 태어났을지라도 감옥에서 나와 왕이 되었음이니라"(전 4:14). 구체적으로 이름을 밝히지 않았지만, 히브리인이라면 누구나 단번에 알아들을 사람, 바로 요셉에 대한 설명입니다. 요셉은 가난하게 태어났지만 훗날 감옥에서 나와 왕이 됩니다. 열일곱 살 때 말조심을 하지 않는 바람에 형들의 분노를 사서 애굽의 종으로 팔려 갑니다. 그 뒤 파란만장한 삶을 삽니다.

보디발의 가정 총무가 되었다가 누명을 쓰고 감옥에 들어갔지만 결국 그 나라의 국무총리가 됩니다. 국무총리는 왕은 아니지만, 실제적인 통치자였습니다. 바로조차도 "나는 자리만 왕이지 보좌만 높을 뿐이지 네가 실질적인 통치자다"(창 41:40)라고 말합니다. 그래서 솔로몬 역시 '왕'으로 묘사하고 있습니다. 그런데 왜 요셉의 이야기를 꺼냈을까요?

아무리 훌륭한 왕이 일어나 좋은 정책을 펼쳐도 그 정권 역시 영원하지 않다는 것을 말하기 위함입니다. 출애굽기 1장 8절에 보면 "요셉을 알지 못하는 새 왕이 일어나 애굽을 다스리더니"라고 말합니다. 요셉이 총리로 있던 시절에 애굽을 다스리던 왕은 16대 바로인 아파피였습니다. 그런데 이 구절에 나오는 '요셉을 알지 못하는 새 왕'은 18대 바로인 앙모세입니다. 18대 바로가 액면 그대로 요셉을 몰랐다는 의미가 아니라, 요셉이 펼쳤던 모든 정책을 갈아엎었다는 의미입니다. 사실 16대 바로인 아파피는 요셉과 혈통이 같은 셈족입니다. 그런데 18대 바로인 앙모세는 셈족과는 대립적 관계였던 함족의 혈통이었습니다. 그러니 기존의 통치 방식을 뒤집을 수밖에 없었습니다. 그는 유명한 삼대 학정을 펼칩니다. 첫째, 모든 히브리인 노예들에게 강제 노동을 시킵니다. 노예들뿐 아니라 애굽 땅으로 이주한 히브리인들까지 착출

모든 끝은 시작이다

해서 국고성을 만드는 데 동원합니다. 둘째, 남아 투강 정책을 지시합니다. 이는 히브리인 사이에서 남자아이가 태어나면 강물에 던지라는 명령입니다. 대표적인 피해자가 모세입니다. 셋째, 남아 투강 정책을 성공시키기 위해 히브리 산파들을 집요하게 학대합니다.

불과 몇 십 년 사이에 요셉이 펼쳤던 정책들이 사라집니다. 악한 왕이 일어나 악한 정책을 펼칩니다. 그러나 그 역시 영원하지 않습니다. 역사의 흐름 속에서 악하고 순한 권력들이 반복해서 일어납니다. 놀랍게도 창세기 15장을 보면, 이미 하나님께서 아브라함에게 예언하고 언약하신 내용입니다. 핵심은 '너희가 이방 땅의 나그네가 될 것이며, 거기서 고난을 당할 것이고, 그러나 반드시 이 땅으로 돌아올 것이다'입니다. 애굽이 당시 세계를 쥐락펴락하는 듯했지만, 모두 하나님의 커다란 언약의 줄기 안에서 일어나는 일이었습니다. 칠흑 같은 역사조차도 하나님의 섭리 안에서 흘러갑니다.

다윗

다음으로 솔로몬은 또 다른 인물을 이야기합니다. 바로 다윗입니다.

다윗은 사울 왕의 아랫사람이었습니다. 즉 사울 왕의 부하였습니다. 그런데 어느 날 백성들의 환호 소리가 들립니다. "사울은 천천이요 다윗은 만만이라." 솔로몬은 이를 "해 아래에서 다니는 인생들이 … 젊은이와 함께 있고"라고 말합니다. 이때부터 사울의 마음속에서 격분이 일어납니다. 시기심과 질투심에 휩싸여 다윗을 죽이려고 합니다. 그러나 사울의 박해와 공격은 결국 자멸하는 올무가 됩니다. 오히려 다윗을 왕의 자리에 빨리 앉히는 촉매제가 되고 만 것입니다.

그렇다면 요셉과 다윗의 이야기를 이어서 생각해 봅시다. 왜 솔로몬은 두 이야기를 문학적인 표현으로 쏟아 놓았을까요? 여기에는 뜻밖에도 구속사적인 의미가 숨겨져 있기 때문입니다.

모든 끝은 시작이다

요셉을 통해 좋은 정치가 펼쳐지다가 악한 왕이 일어나 히브리인을 박해합니다. 그때 모세가 강물에 던져졌습니다. 모세는 가나안을 바라보면서 마지막에 이런 예언을 합니다.

"네 하나님 여호와께서 너희 가운데 네 형제 중에서 너를 위하여 나와 같은 선지자 하나를 일으키시리니 너희는 그의 말을 들을지니라"(신 18:15).

'모세와 같은 선지자 하나를 일으킨다'고 말합니다. 훗날 신약 시대에 이 말씀은 어떻게 성취되었습니까?

"그 사람들이 예수께서 행하신 이 표적을 보고 말하되 이는 참으로 세상에 오실 그 선지자라 하더라"(요 6:14).

사람들은 예수 그리스도를 보고 감탄하며 말했습니다. "아, 모세의 글을 통해 예언되었던 바로 그 선지자구나!" 모세의 글은 바로 '오실 예수 그리스도'를 가리켜 말씀하신 것입니다. 그런데 그분이 다윗의 자손을 통해 오십니다. 참으로 재미있는 역사입니다. 전도서를 읽는 하나의 묘미입니다.

모세의 예언에서 놓치지 말아야 할 것은 "너희는 그의 말을 들을지니라”입니다. 믿음은 들음에서 옵니다. 이것은 지적인 깨달음을 말하는 것이 아니라 잘 듣는 복된 마음을 말합니다. 우리는 예수 그리스도의 말씀을 들을 줄 알아야 합니다. 거기서 참된 지혜가 생깁니다.

예수 그리스도를 바라라

솔로몬은 4장 1절에서 자기 자신조차도 백성들에게 온전한 왕, 온전한 위로자가 되지 못했음을 인정합니다. 권력은 흥했다 망했다 합니다. 그 어떤 권력도 영원한 것은 없습니다. 그 어떤 권력자도 백성들에게 진정한 위로자가 되어 주지 못합니다.

> “그의 치리를 받는 모든 백성들이 무수하였을지라도 후에 오는 자들은 그를 기뻐하지 아니하리니 이것도 헛되어 바람을 잡는 것이로다”(전 4:16).

‘기뻐하지 않는다’는 말은 ‘위로가 안 되었다’는 말입니다. 아무리 한 시대를 풍미한 권력자라고 해도 사람들에게 평안과 참된 위로를 주지 못했다는 것입니다. 그런데 권력이 흥했다 망했다

하는 흐름 속에서 우리의 초점은 어디로 향합니까? 바로 예수 그리스도입니다.

전도서 4장을 시작하는 큰 질문을 기억하십시오. 권력과 부귀의 정점에 서 있던 솔로몬은 이 세상에 위로자가 없음을 한탄하더니 결국 4장 마지막에 우리의 초점을 예수 그리스도에게로 향하게 합니다. 모세의 예언을 통해 다윗의 자손으로 이 땅에 오신 예수 그리스도야말로 진정한 왕입니다. 그분만이 영원한 위로를 주실 분입니다.

전도서 4장 전체를 그냥 읽으면 허무주의나 염세주의 같습니다. 흥하고 패하는 권력의 무상함만을 이야기하는 듯합니다. 그러나 그 속에서 우리의 눈은 예수 그리스도를 바라볼 수 있어야 합니다. 그리스도만이 유일한 희망이기 때문입니다.

지금 처한 환경이 반복해서 뜨고 지는 권력처럼 무료하고, 답답하고, 암울할 수 있습니다. 그럴 때일수록 참된 위로자 되시는 예수님을 바라보십시오. 친히 나를 위해 죽으시고, 온전케 하신 예수님께 시선을 고정하십시오. 세상이 알지 못하는 평안과 위로가 임할 것입니다.

전도자의 지혜

1. 지혜는 듣는 마음입니다.

가난하면서 지혜로운 젊은이와 늙고 둔하여 경고를 받을 줄 모르는 왕이 등장합니다. 왕은 가진 것이 많은 사람입니다. 남부러울 것이 없는 사람입니다. 그러나 귀가 닫혀 있습니다. 젊은이는 어떻습니까? 가난합니다. 물질의 있고 없고를 떠나 '내겐 누군가의 은혜가 필요하다'는 것을 인정한다는 의미입니다. 또한 지혜롭습니다. 여기서 지혜란 지적인 능력이 아니라 '듣는 마음'입니다.

2. 모든 권력은 뜨고 지며 사라집니다.

요셉은 가난하게 태어나 감옥에 갔지만 훗날 애굽의 총리가 되어 나라를 통치합니다. 요셉의 통치로 히브리인들은 애굽에서의 삶이 수월해졌습니다. 그러나 이후 요셉을 알지 못하는 왕이 일어나 모든 히브리인들을 노예로 삼습니다. 절대적인 정권은 없습니다. 다만 그 흑암의 세월 속에서도 하나님은 모세를 준비시키십니다. 그 후 다윗의 이야기로 이어집니다.

3. 유일한 소망은 예수 그리스도입니다.

아무리 한 시대를 풍미한 권력자라고 해도 백성들에게 진정한 위로자가 되어 주지 못합니다. 뜨고 지는 권력의 무상함 속에서 솔로몬은 우리의 초점을 예수 그리스도에게 향하게 합니다. 그분만이 영원한 위로를 주실 분입니다. 그분 말씀을 날마다 사모하고 잘 듣는 복된 마음을 가져야 합니다. 이 복된 마음이야말로 주님이 주시는 은혜입니다.

모든 끝은 시작이다

1. 가난하고 지혜로운 젊은이와 늙고 둔하여 경고를 받을 줄 모르는
   왕이 있습니다. 내 삶은 누구의 인생과 닮았습니까?

2. 영원할 것 같은 권력도 사라지고 맙니다. 역사의 주체는 인간이 아
   니라 하나님이시기 때문입니다. 이러한 사실이 사회생활과 인간관
   계에 어떤 영향을 미치고 있습니까?

3. 우리에게는 예수님의 말씀을 잘 듣는 지혜로운 마음이 필요합니다.
   이를 위해 어떤 노력을 하고 있습니까?

너는 어느 지방에서든지
빈민을 학대하는 것과 정의와 공의를 짓밟는 것을
볼지라도 그것을 이상히 여기지 말라
높은 자는 더 높은 자가 감찰하고 또 그들보다
 더 높은 자들도 있음이니라 땅의 소산물은
모든 사람을 위하여 있나니 왕도 밭의 소산을 받느니라
은을 사랑하는 자는 은으로 만족하지 못하고
풍요를 사랑하는 자는 소득으로 만족하지 아니하나니
이것도 헛되도다 재산이 많아지면
먹는 자들도 많아지나니 그 소유주들은
눈으로 보는 것 외에 무엇이 유익하랴
노동자는 먹는 것이 많든지 적든지 잠을 달게 자거니와
부자는 그 부요함 때문에 자지 못하느니라

전도서 5:8-12

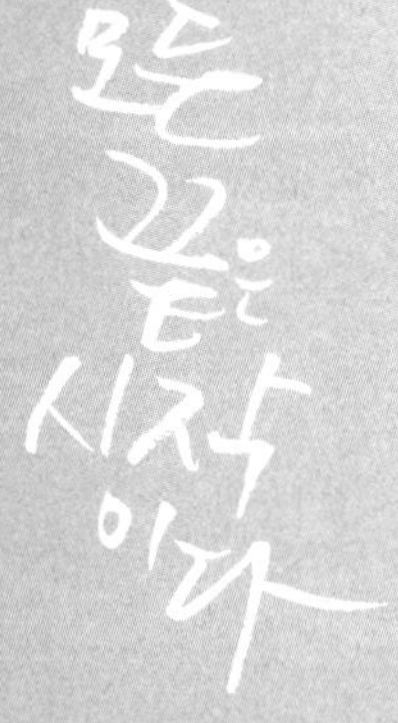

7장

인생의 바늘귀를 통과하라

"부자가 천국에 들어가는 것이 낙타가 바늘귀로 들어가는 것보다 어렵다"(마 19:24)는 말씀을 많이 들어봤을 것입니다. 보통 이 내용을 예수님의 해학 또는 유머 정도로 이해합니다. 그런데 이 표현은 단순히 유머러스한 비유가 아닙니다. 실제로 예루살렘 성에 가면 바늘귀가 있습니다. 예루살렘 성에는 몇 개의 문이 있는데, 해가 지면 출입하는 문을 닫습니다. 그런데 간혹 늦게 오는 사람들을 위해 큰 문 옆에 쪽문을 열어 놓습니다. 바로 그 쪽문이 바늘귀입니다. 대게 늦는 사람들은 여기저기 다니며 장사하는 상인들입니다. 이들은 낙타 등에 잔뜩 짐을 올린 채로 느지막이 성으로 옵니다. 그런데 짐을 싣고는 이 쪽문으로 못 들어옵니다. 그렇다면 방법은 하나밖에 없습니다. 낙타 등에 실은 짐을 다 내려놓는 것입니다. 그리고 낙타 무릎을 꿇게 하고 이끌어야 겨우 통과할 수 있습니다. 이번 장에서 과연 우리는 어떻게 인생의 바늘귀를 통과할 수 있는지를 살펴보겠습니다.

천민자본주의 시대

영국의 경제학자이자 사회학자인 알프레드 마샬은 한 가지 질문에 대한 답을 평생 고민했습니다. 바로 "인간은 무엇으로 사는가?" 하는 문제였습니다. 그러다 결국 오랜 고민 끝에 두 가지 결론을 내립니다. 첫째, 인간은 종교적인 동물이기에 종교가 필요하다는 것입니다. 인간 본성 속에 종교 지향적인 속성이 있다는 것입니다. 둘째, 인간은 경제적 동물이라는 것입니다. 쉽게 말해, 인간에게는 빵이 있어야 한다는 것입니다. 그에 따르면, 인간은 종교와 경제, 두 가지 문제가 해결되어야 합니다.

후에 알프레드 마샬의 이론을 바탕으로 독일의 막스 베버가 자본주의의 윤리 문제를 책으로 정리했습니다. 그는 자본주의에서 신앙의 윤리가 빠지면 천민자본주의가 남는다고 했습니다. 우리 사회 역시 경제 대국으로 크게 발전하긴 했으나, 안타깝게도 이 과정에서 천민자본주의를 버리지 못했습니다. 이는 우리 사회의 아픔입니다.

모든 끝은 시작이다

천민자본주의는 세 가지 특징이 있습니다. 첫 번째가 정경유착
(政經癒着)입니다. 권력과 자본이 쉽게 손을 잡습니다. 정치가나 기
업가들은 이 문제가 얼마나 공동체에 큰 해악을 가져오는지를 간
과합니다. 권력과 자본이 손을 잡았을 때 나타나는 두 번째 특징
은 부패입니다. 반드시 썩게 되어 있습니다. 신앙 윤리가 빠진 인
간이 걷는 전형적인 길입니다. 이는 오늘날의 현실을 반영하듯
영화에서도 많이 다루는 주제입니다. 솔로몬 시대에도 마찬가지
였습니다. 전도서 5장 8절을 보십시오.

“너는 어느 지방에서든지 빈민을 학대하는 것과 정의와 공의를 짓
밟는 것을 볼지라도 그것을 이상히 여기지 말라 높은 자는 더 높은
자가 감찰하고 또 그들보다 더 높은 자들도 있음이니라”(전 5:8).

권력자들의 행태가 어떻습니까? 위에다 바치면 윗사람은 또
그 윗사람에게 바칩니다. 이는 더 높은 감찰자들로 계속 이어집
니다. 요즘은 투명 경영이나 윤리 경영의 중요성을 많이들 인식
하고 있지만 지금도 간혹 신문 지면을 통해 권력자들의 비리를
보게 됩니다. 오죽하면 한 외국기업 지사장이 기자들 앞에서 “한
국은 뇌물이 없으면 사업이 되지 않는 나라”라고 말했을까 싶습

니다. 참으로 부끄럽지만 부인할 수 없는 문제입니다. 실제로 저도 교회 건축 관련하여 일을 처리할 때 공공기관과 부딪힌 문제이기도 합니다. 그때 교회 장로님들과, 공사가 10년 걸리더라도 절대 부패 구조에 타협하지 말자고 결의했었습니다. 물론 전반적인 문제는 아니겠지만 아직도 한 구석에 남아 있는 우리 사회의 어두운 부분입니다.

천민자본주의의 세 번째 특징은 빈부격차입니다. 있는 사람은 더 가지게 되고 없는 사람은 더 못살게 됩니다. 건강한 사회는 노력한 만큼 생산물을 얻어야 하는데, 천민자본주의가 만연해지면 아무리 노력해도 '맨땅에 헤딩'하는 꼴이 되고 맙니다. 이는 오늘날 많은 젊은이들이 좌절하는 이유이기도 합니다. 이들의 분노와 좌절감이 쌓여 사회적 뇌관이 되고 있습니다. 어디서 터질지 모릅니다. 이렇게 되면 갈수록 사회는 더 거칠고 험해집니다. 성경은 명확하게 그 구조를 설명합니다.

"땅의 소산물은 모든 사람을 위하여 있나니 왕도 밭의 소산을 받느니라"(전 5:9).

당시는 농경사회입니다. 농사를 지어서 먹고 삽니다. 왕도 농

모든 끝은 시작이다

부들이 일해서 얻은 수확물을 먹고 삽니다. 이 구절은 "땅의 소산물은 모든 사람을 위해 있다. 왕조차도 밭의 소산을 먹고 살지 않느냐" 하는 수사적 표현입니다. 그런데 양극화 현상으로 점점 차이가 벌어져서 정작 땀 흘려 농사를 지은 사람들이 정당한 수확을 얻지 못하는 결과가 생깁니다.

하나님이 주신 것에 만족하지 않는 탐욕

"은을 사랑하는 자는 은으로 만족하지 못하고 풍요를 사랑하는 자는 소득으로 만족하지 아니하나니 이것도 헛되도다"(전 5:10).

여기에 천민자본주의의 원인이 나옵니다. 바로 탐욕입니다. 사람들은 자기에게 주어진 것에 만족하지 못합니다. 탐욕은 끝이 없는 무저갱과 같습니다. '무저갱'이란 끝없이 빠져드는 심연의 늪입니다. 골로새서에서는 탐심을 두고 '우상 숭배'라고 말합니다(골 3:5). 이유는 간단합니다.

우선 탐심과 소욕을 구분해서 이해해야 합니다. 무언가를 소유하고 싶은 욕망, 갖고 싶어 하는 태도는 잘못된 게 아닙니다. 다만 정도를 넘어서면 탐심이 됩니다. 자기 분복을 넘어서는 겁니다.

십계명에서 도둑질을 죄라고 규정한 이유가 무엇입니까? 바로 하나님이 주신 것에 만족하지 않았기 때문입니다. 호세아서를 보면 선지자 호세아의 아내 고멜이 바람이 납니다. 남편이 주는 사랑에 만족하지 못했기 때문입니다. 정확하게 말하자면 탐심이란 소욕 자체가 아니라, 하나님이 주시는 것에 만족하지 않는 모든 태도를 말합니다. 이는 우상 숭배와 다름없습니다.

인간의 욕심은 그 끝을 알 수 없습니다. 심지어 세기의 갑부 록펠러는 죽기 전 "얼마나 더 벌기를 원하느냐"는 질문에 이렇게 답했습니다. "조금만 더(Just little more)." 죽을 때까지 끝나지 않는 것이 인간의 욕심입니다.

사실상 이 땅의 모든 문제는 기독교 윤리를 벗어난 탐심에서 시작됩니다. 이것이 천민자본주의를 낳으며, 극심한 빈부 격차를 만들고, 부패를 낳습니다. 그럼에도 정치와 권력은 서로를 이용하려는 시도를 끊임없이 반복합니다. 후진국일수록 이런 현상이 더 심합니다. 권력자들은 으리으리한 집에 사는데, 정작 다수의 국민은 기본적인 치료를 못 받거나 음식을 먹지 못한 채 죽어 갑니다. 세상의 빈익빈 부익부 현상은 어제오늘 일이 아니며, 오늘날 더욱 가속화되고 있습니다.

탐심을 채우는 자들의 아이러니한 현실

솔로몬은 다음 몇 구절에서 탐심을 채우는 자들의 현실을 비꼬아 말합니다.

"재산이 많아지면 먹는 자들도 많아지나니 그 소유주들은 눈으로 보는 것 외에 무엇이 유익하랴"(전 5:11).

소유주들은 눈으로 보는 것 외에는 유익이 없다고 말합니다. 이들은 땅이 몇만 평이 있고, 은행에 돈이 몇백억 있어도 삼시 세 끼 먹는 것은 동일하고, 그저 통장의 잔고를 확인할 뿐입니다. 게다가 돈을 지키고 관리하느라, 또 여기에 먹여 살릴 식구들(직원들)이 많아져서 걱정만 더 늘어납니다. 부귀영화를 누려 본 솔로몬이 던지는 해학적인 표현은 다음 구절에서도 계속됩니다.

"노동자는 먹는 것이 많든지 적든지 잠을 달게 자거니와 부자는 그 부요함 때문에 자지 못하느니라"(전 5:12).

돈이 많아지면 돈 걱정 없이 두 다리 쭉 뻗고 자야 정상일 것 같은데, 어떻습니까? 오히려 정반대입니다. 하루 종일 고단하게 일한 노동자들은 눕기만 하면 잠을 잡니다. 그런데 부자는 내일에 대한 걱정에 잠을 이루지 못합니다. 소위 돈도 많이 벌고 성공한 사람들 중에는 염려와 근심으로 신경쇠약에 걸려서 약에 의존하지 않고는 잠을 이루지 못하는 사람들이 많습니다. 한때 세상을 쥐락펴락했던 알렉산더 대왕도 죽을 때는 빈손으로 갔습니다.

"내가 해 아래에서 큰 폐단 되는 일이 있는 것을 보았나니 곧 소유주가 재물을 자기에게 해가 되도록 소유하는 것이라"(전 5:13).

그런데도 인간은 얼마나 어리석은지, 자신에게 해가 될 때까지 재물을 손에서 놓지 못합니다. 솔로몬은 이를 해 아래에서 큰 폐단이라고 표현합니다. 폐단이란 해결할 수 없는 처참한 상태를 말합니다. 인간의 욕심을 제어할 방법이 없다는 말입니다. 인간의 가슴 밑바닥에 감춰진 욕망을 해결할 방법이 이 땅에는 없습니다.

"그 재물이 재난을 당할 때 없어지나니 비록 아들은 낳았으나 그 손에 아무것도 없느니라"(전 5:14).

모든 끝은 시작이다

그러나 솔로몬은 인간이 손에 쥐고 놓지 않으려고 해도 결국 마지막 날에는 모두 사라진다고 말합니다. 자식이 있어도 물려줄 것이 없습니다. 그 어떤 것도 '내 것'이라고 붙잡을 것이 없다는 말입니다. 인생은 빈손으로 왔다가 빈손으로 갑니다.

하나님 없는 인생의 보편적 삶

솔로몬은 인생의 보편적인 삶을 기술합니다. 자신이 인생의 주인이 되어서 모든 것을 책임지려 하는 오만이 삶을 얼마나 힘들게 하는지 이야기합니다.

"그가 모태에서 벌거벗고 나왔은즉 그가 나온 대로 돌아가고 수고하여 얻은 것을 아무것도 자기 손에 가지고 가지 못하리니 이것도 큰 불행이라 어떻게 왔든지 그대로 가리니 바람을 잡는 수고가 그에게 무엇이 유익하랴"(전 5:15-16).

이것이 바로 하나님 없는 인생입니다. 남을 짓밟고 올라서는 경쟁을 하며 곤고하게 살아갑니다. 그 결과가 어떻습니까?

133

‘어둠’이 등장합니다. 성경에서 어둠은 빛과 함께 굉장히 중요
한 개념입니다. 성경은 일관되게 그리스도를 빛으로 소개합니다.
그렇다면 어둠은 무엇입니까? 그리스도 없는 현장을 말합니다.
죽음과 사망의 현장이 바로 어둠인 것입니다. 그렇다면 17절은
그리스도 없이 일생을 경주한 사람들의 결말과 같습니다. 그들은
어둠에서 무언가를 먹고 있습니다. 식탁의 등장입니다. 이는 굉
장히 문학적 표현이기에 속뜻을 찾아봐야 합니다.

히브리인들에게 식탁은 ‘교제’를 의미합니다. 더 근본적으로는
그 사람과 관계를 맺고 가족이 된다는 개념입니다. 시편 23편에
보면, 여호와를 목자라고 고백하는 자들에게 몇 가지 약속이 주
어집니다. 그 중에서 하나가 ‘원수의 목전에서 상을 베푸신다’입
니다. 이 ‘상’이 바로 ‘table’, 식탁입니다. 다시 말해, 하나님이 “너
는 이제부터 내 가족이다. 나와 먹고 즐기자”라고 초대하신다는
말씀입니다.

그러나 어둠에 있는 사람은 어떻습니까? 하나님 없이 자기가
인생의 주인이 되어 고단히 한 평생을 달려온 사람의 결말은 어

떻습니까? 어둠 가운데 생활하고 있습니다. 생명이 없는 곳에서 어둠의 일원이 되어 있습니다.

우리에게 주어진 약속

다행스럽게도, 빛의 삶을 살아야 할 우리에게는 새로운 약속을 주셨습니다.

> "그는 자기의 생명의 날을 깊이 생각하지 아니하리니 이는 하나님이 그의 마음에 기뻐하는 것으로 응답하심이니라"(전 5:20).

여기서 "자기의 생명의 날을 깊이 생각하지 아니하리니"는 무슨 말일까요? 하나님 안에서, 그분이 삶의 주인이 되어 살아온 인생들은 '이 땅에서 얼마나 오래 살까, 얼마나 더 많이 가질까' 하는 인생 패턴에 연연하지 않는다는 말입니다. 대신 하나님이 "그의 마음에 기뻐하는 것"으로 응답하십니다. 이는 '영원한 생명'을 의미합니다. 영원한 하늘의 보화를 발견한 사람은 이 땅에서 썩어질 것에 연연하지 않습니다.

마태복음에 보면 "공중의 새를 보라. 심지도 않고 거두지도 않고 창고에 모아들이지도 아니하되 너희 하늘 아버지께서 기르시나니 너희는 이것들보다 귀하지 아니하냐"(마 6:26)라고 말씀합니다. 또한 "들의 백합화가 어떻게 자라는가 생각하여 보라. 수고도 아니하고 길쌈도 아니하느니라. … 오늘 있다가 내일 아궁이에 던져지는 들풀도 하나님이 이렇게 입히시거든 하물며 너희일까 보냐"(마 6:28-30)라고 말합니다. 그러므로 "염려하여 이르기를 무엇을 먹을까, 무엇을 마실까, 무엇을 입을까 하지 말라. 이는 다 이방인들이 구하는 것이라"(마 6:31-32)라고 말합니다. 마태는 하나님을 우리 '아버지'라고 소개합니다. 무엇을 먹을까, 무엇을 입을까 하는 염려는 이방인들이나 하는 것입니다. 이방인은 아버지가 없는 사람들입니다. 고아 같은 자들입니다. 아버지가 없는 자들은 먹고 자고 쓰는 인생의 모든 문제를 자신이 책임져야 합니다. 그래서 매우 고단한 삶을 삽니다. 경쟁해야 하고 빼앗아야 하고 짓밟고 올라서야 합니다. 그러나 아버지가 있는 우리는 다릅니다. 자녀들이 먹고 입는 것은 아버지가 책임져 주십니다. 우리는 그런 염려에 매달려 살 필요가 없습니다.

그렇다면 우리는 무엇을 구하며 살아야 할까요? 예수님께서 가르쳐 주신 기도를 보면 그 답을 알 수 있습니다.

모든 끝은 시작이다

여기서 "일용할 양식"의 원래 뜻을 찾아보면 '내일의 양식'이라고 나옵니다. 이는 출애굽기에서 이스라엘 백성들이 광야를 지날 때 만나를 주신 데서 나온 단어입니다. 당시 하나님은 날마다 양식으로 만나를 주셨습니다. 그런데 6일째 되는 날은 반드시 7일째 만나까지 주셨습니다. 두 배를 주셨던 겁니다. '내일의 양식'까지 주셨던 겁니다. 다시 말해 '내일의 양식'은 7일째 양식입니다. 이는 바로 생명의 떡으로 오신 예수 그리스도를 예표하는 것입니다. 요한복음 6장에도 예수님은 자신을 "생명이 떡"(요 6:48), "하늘에서 내려온 살아 있는 떡"(요 6:51)이라고 표현하십니다.

　그렇다면 주기도문에서 우리가 구해야 할 '일용할 양식'은 단순히 빵의 문제를 넘어 예수님을 구하라는 말씀입니다. 바로 이것이 인생의 열쇠입니다.

　솔로몬은 이번 장에서도 우리의 초점을 예수 그리스도에게로 향하게 합니다. 이 땅에서 먹고, 입고, 쓰는 문제는 인생의 보편적인 양상입니다. 그러나 자기 자신이 인생의 주인이 되면 폐단만 있을 뿐, 탐심에서 자유로울 수 없습니다. 인간의 본성이 탐심을 향하게 되어 있기 때문입니다. 인간의 탐심은 해 아래에서는 해결할 방법이 없습니다. 예수 그리스도가 오셔야 합니다. 생명의 양식이신, 일용할 양식이신 그분이 오셔야 근본적으로 해결이 됩니다. 그분을 양식으로 삼는 자는 절대 자신을 위해 먹을 것을 쌓아 두지 않습니다. 그분을 사랑하기에 그분의 삶을 기쁨으로 뒤쫓아 살아갑니다.

　예수님만으로 충분하다고 고백하는 크리스천들이 되시기 바랍니다. 그럴 때 비로소 인생의 바늘귀를 통과할 수 있습니다. 날마다 예수님만을 생명의 양식으로 먹고 사는 교회가 되시기 바랍니다. 그럴 때 비로소 교회가 이 시대의 희망이 될 수 있습니다.

모든 끝은 시작이다

모든 끝은
시작
이다

전도자의 지혜

1. 신앙 윤리가 빠지면 부패가 들어섭니다.

솔로몬의 시대는 지금과 다를 바가 없었습니다. 자본주의에서 신앙 윤리가 빠져 공동체에 큰 해악을 가져왔습니다. 권력과 자본이 손을 잡았고, 권력을 유지하기 위해 끝없이 뇌물을 바치는 부패가 끊이지 않았습니다. 그 결과 가진 자는 더 부유해지고, 없는 사람은 더 못살게 되었습니다. 이 악순환은 인간의 탐욕이 근본 원인입니다. 인간의 탐욕은 결코 만족이 없습니다.

2. 탐욕에 빠진 자의 최후는 어둠뿐입니다.

자기 이익만 챙기는 사람은 편하고 행복할까요? 아이러니하게도 탐욕으로 가득 찬 인생은 곤고합니다. 자신이 인생의 주인이 되어 모든 것을 책임지다 보니 경쟁할 수밖에 없고, 남을 짓밟고 올라설 수밖에 없습니다. 또한 자신이 얻은 것의 이익을 누리지 못합니다. 탐욕에 사로잡힌 인생은 많은 근심, 질병 그리고 분노만 남습니다. 결국 하나님과 그분의 생명을 떠나 어둠에 처하게 되는 것입니다.

3. 예수님만으로 충분한 삶이 인생의 희망입니다.

인간의 탐욕을 물리칠 방법은 오직 예수님밖에 없습니다. 예수님을 주인으로 모시고 사는 사람은 이 땅에서 얼마나 더 오래 살지, 얼마나 더 많은 부귀영화를 누릴지에 관심을 두지 않습니다. 하늘의 보화를 발견한 사람은 이 땅의 썩어질 것에 연연하지 않습니다. 오직 하나님이 그의 마음에 기뻐하는 것으로 응답하심에 감사하며 살 뿐입니다. 우리는 날마다 예수 그리스도를 생명의 양식으로 구하며 살아야 합니다. 예수님만으로 충분하다는 삶의 고백을 회복하시기 바랍니다.

1. 천민자본주의의 근본적인 원인은 무엇이며, 그 원인과 나의 삶을
   연결해서 아직 내려놓지 못하는 것이 있는지 말해 봅시다.

2. 마태복음에서(6장) 주기도문을 찾아 낭독해 봅시다.

3. 탐욕을 해결할 수 있는 유일한 방법은 무엇인가요? '만나'라는 단
   어를 사용하여 설명해 봅시다.

4. 주님이 나에게 주신 양식들은 무엇이며 '그것을 이웃들과 어떻게
   나눌 수 있는지 계획을 세워 봅시다.

5. 우리는 그리스도인으로서 사회 문제에 대해 관심을 가져야 합니다.
   구체적으로 어떤 부분이 있을까요? (환경, 직장 등)

내가 해 아래에서 한 가지 불행한 일이 있는 것을 보았나니
이는 사람의 마음을 무겁게 하는 것이라
어떤 사람은 그의 영혼이 바라는 모든 소원에 부족함이 없어
재물과 부요와 존귀를 하나님께 받았으나
하나님께서 그가 그것을 누리도록 허락하지 아니하셨으므로
다른 사람이 누리나니 이것도 헛되어 악한 병이로다
사람이 비록 백 명의 자녀를 낳고 또 장수하여 사는 날이 많을지라도
그의 영혼은 그러한 행복으로 만족하지 못하고
또 그가 안장되지 못하면 나는 이르기를 낙태된 자가 그보다는 낫다 하나니
낙태된 자는 헛되이 왔다가 어두운 중에 가매
그의 이름이 어둠에 덮이니 햇빛도 보지 못하고
또 그것을 알지도 못하나 이가 그보다 더 평안함이라
그가 비록 천 년의 갑절을 산다 할지라도 행복을 보지 못하면
마침내 다 한 곳으로 돌아가는 것뿐이 아니냐

전도서 6:1-6

8장

강한 자와 싸우지 말라

인간은 보편적으로 세 가지 복을 구한다고 합니다. 재물의 복, 오래 사는 복, 자녀들이 잘되는 복입니다. 시대와 나이를 불문하고 인간의 공통적인 욕망입니다. 유대인들 역시 이 세 가지 복을 하나님께 구하며 살았습니다. 이 복을 구하는 욕망 자체는 문제가 아닙니다. 그 복을 구하는 것에 인생의 모든 목적을 걸고 살면 그때부터 문제가 발생합니다. 오늘날 안타깝게도 그 폐단들이 많이 나타나고 있습니다. 돈 때문에 못할 짓을 합니다. 부모 형제를 버리고 심지어 생명을 빼앗기도 합니다. 자녀를 위한다는 명목 하에 아이들을 사지로 몰아넣습니다. 성적을 비관한 어린 생명들이 세상을 떠나는 기사를 보면 마음이 무너집니다. 성폭력이나 성형 중독 등도 우리의 욕망이 잘못 분출된 결과일 것입니다.

헨리 나우웬이 쓴 『열린 손으로』(*With Open Hands*)라는 책에 보면 '1센트를 자신과 동일시한 여인'의 이야기가 나옵니다. 그 여인은 1센트를 손에 쥐고 자나 깨나 불안해합니다. 그녀에게 1센트는 자기 자신과도 같습니다. 그래서 잃어버리면 어쩌나, 누가 훔쳐 가면 어쩌나 하는 강박관념에 늘 사로잡혀 있습니다. 결국 밥 먹을 때도, 샤워할 때도, 잘 때도 손에서 놓지 않습니다. 보잘 것 없는 동전 하나를 목숨처럼 쥐고 살아가는 것입니다. 어이없는 이 여인의 모습은 사실 우리들의 모습이기도 합니다. 인생이 방향을 잘못 잡으면 별 것 아닌 것에 목숨을 걸고 살아갑니다.

솔로몬의 이야기를 들어봅니다.

인생의 불행한 일, 세 가지

솔로몬은 해 아래에서 한 가지 불행한 일을 보았다고 말합니다. 여기서 불행한 일은 이 땅에서는 도저히 회복할 수 없는 비참한 상태를 말합니다.

> "내가 해 아래에서 한 가지 불행한 일이 있는 것을 보았나니 이는 사람의 마음을 무겁게 하는 것이라"(전 6:1).

모든 끝은 시작이다

솔로몬인 발견한 불행한 일이 무엇입니까? "사람의 마음을 무겁게 하는 것", 다시 말해 사람의 마음을 짓누르는 것입니다. 1센트를 손에 쥔 여인처럼 아주 사소한 것에 짓눌리는 인생을 말합니다. 인생에는 결코 인간 스스로는 답을 찾을 수 없는 일들이 있습니다. 그 불행한 일들이 무엇인지 찾아봅시다.

첫째, 솔로몬은 아무리 재물이 많아도 누리는 사람은 따로 있다는 세상 이치를 이야기합니다.

"어떤 사람은 그의 영혼이 바라는 모든 소원에 부족함이 없어 재물과 부요와 존귀를 하나님께 받았으나 하나님께서 그가 그것을 누리도록 허락하지 아니하셨으므로 다른 사람이 누리나니 이것도 헛되어 악한 병이로다"(전 6:2).

넘치도록 하나님께 복을 받은 인물을 꼽으라면 단연 솔로몬입니다. 그는 부귀영화를 구하지 않았으나 지혜를 구했을 때 하나님 마음에 합하여 넘치는 복을 받았습니다. 그런데 인생이 끝나갈 무렵 솔로몬은 모든 재물과 부요는 아무리 많아도 자신이 다 누릴 수 있는 것이 아님을 깨닫습니다. 버는 사람 따로, 누리는 사람 따로라는 것을 몸소 알게 되었습니다. 뭐가 좋다 나쁘다의 문제가 아니라, 이것이 세상 구조요 이치라는 것입니다. 이것이 인생의 불행한 일 가운데 하나입니다.

둘째, 솔로몬은 아무리 자식을 많이 낳고, 오래 살아도 부모를 끝까지 책임질 자식이 없다고 말합니다.

> "사람이 비록 백 명의 자녀를 낳고 또 장수하여 사는 날이 많을지라도 그의 영혼은 그러한 행복으로 만족하지 못하고 또 그가 안장되지 못하면 나는 이르기를 낙태된 자가 그보다는 낫다 하나니"(전 6:3).

자녀를 백 명 낳아 오래 산다고 복일까요? 아닙니다. 백 명 낳고 키워 봐야 그 자식 중에 부모를 모시고 끝까지 장례를 치러 줄 자식 하나 없다면 그런 사람은 차라리 낙태된 생명보다 못하다고 말합니다. 히브리 문화에서 '낙태된 생명'은 가장 허무한 생명에 대한 상징적 묘사입니다. 아무리 자식이 많아도 부모를 끝까지 안장할 자식 하나 없다면 그런 사람들의 인생은 허무한 생명보다 못한 결과를 맞습니다. 이 역시 옳고 그름을 떠나 세상 이치와 구조가 그렇게 흘러간다는 말입니다.

셋째, 오래 살고 많이 가졌다 해도 돌아가는 길은 누구나 똑같다고 말합니다.

모든 끝은 시작이다

천 년을 갑절로 산다는 말은 그만큼 오래 산다는 것의 과장법입니다. 높은 자, 낮은 자, 많이 가졌던 자, 적게 가졌던 자, 모두 행복을 찾지 못하면 죽어서 돌아가는 길은 똑같다는 말입니다. 결국 모두 한곳으로 돌아갈 텐데 행복을 찾지 못하면 인생이 무슨 의미가 있겠습니까? 솔로몬은 허무하고 절망스러운 세상 이치를 이야기합니다.

여기서 행복은 무엇일까요? 이 땅에서 재물도, 자녀도, 오래 사는 것도 채워 줄 수 없는 행복은 무엇일까요? 세상 사람들은 1센트를 손에 쥔 여인처럼 무언가를 움켜쥐고 죽을 둥 살 둥 살아갑니다. 결국 평생 재물과 자녀와 오래 사는 것에 관한 욕심에서 비롯된 세상 가치를 생명처럼 부여잡습니다. 그러나 행복을 보지 못합니다. 이 부분은 다음 구절에서 좀 더 자세히 살펴봅시다.

여기서 '식욕'은 원전을 찾아보면 '네페쉬'라는 단어를 사용했습니다. 이는 '심령'이라는 뜻입니다. 다시 말해, 이 땅에서 재물을 추구하고 자녀가 잘되도록 노력하고 오래 살기를 갈망하며 살았지만, 그 끝은 심령을 채울 수 없더라는 말입니다. 앞서 '행복을 보지 못하면'이라는 구절은 '심령을 채우지 못하면'이라는 의미입니다.

솔로몬은 아주 철학적인 인생론을 이야기하는 것입니다. 인생의 중요한 세 가지 복을 아무리 구하려고 노력해도 우리 심령을 채울 수는 없다고 말합니다. 진정한 행복의 가치를 채울 수는 없더라는 말입니다.

내가 무얼 잘못 살았습니까?

보통 사람들은 절망을 만났을 때, 인생의 허무를 접했을 때 어떤 반응을 보입니까? '내가 뭘 잘못했지?', '왜 하필 나에게 이런 일이 일어났지? 보통 이런 질문들이 속에서 올라옵니다. 크리스천들도 예외는 아닙니다. 솔로몬은 다음 구절에서 그런 논쟁에 대해 이야기합니다.

모든 끝은 시작이다

열심히 살았는데, 모든 수고와 노력을 다했는데, 일이 잘 풀리
지 않을 때 하나님께 따지고 싶어집니다. '하나님, 왜 하필 나입니
까?', '하나님, 내가 무얼 잘못했습니까?', '하나님, 정말 살아 계십
니까?' 등의 의문을 쏟아 내게 됩니다. 11절에서 "많은 일들이 있
나니"라는 말은 이와 같은 논쟁들을 말합니다.

개인적으로도 가난한 집안 형편 때문에 학업을 계속할 수 없었
을 때 내 속에서 많은 논쟁이 있었습니다. "하나님, 왜 하필 나를
이런 집에 태어나게 하셨습니까?" 다른 아이들은 평온하게 공부
하며 지내는 것 같은데, 나만 왜 학교를 휴학 · 중퇴하고 공장 생
활까지 해야 하는지 이해가 안 되었습니다. 여러분도 마찬가지일
것입니다. 이해할 수 없는 상황 속에서 끊임없이 질문들이 터져
나올 것입니다. 전도서의 이 질문에 대한 답을 우선 다른 성경에
서 찾아보겠습니다. 이사야서와 다니엘서입니다.

또는 네가 만든 것이 그는 손이 없다 말할 수 있겠느냐 아버지에게는 무엇을 낳았소 하고 묻고 어머니에게는 무엇을 낳으려고 해산의 수고를 하였소 하고 묻는 자는 화 있을진저 이스라엘의 거룩하신 이 곧 이스라엘을 지으신 여호와께서 이같이 이르시되 너희가 장래 일을 내게 물으며 또 내 아들들과 내 손으로 한 일에 관하여 내게 명령하려느냐 내가 땅을 만들고 그 위에 사람을 창조하였으며 내가 내 손으로 하늘을 펴고 하늘의 모든 군대에게 명령하였노라"(사 45:9-12).

"땅의 모든 사람들을 없는 것 같이 여기시며 하늘의 군대에게든지 땅의 사람에게든지 그는 자기 뜻대로 행하시나니 그의 손을 금하든지 혹시 이르기를 네가 무엇을 하느냐고 할 자가 아무도 없도다"(단 4:35).

감히 진흙이 토기장이에게 "너는 무엇을 만드느냐"라고 말할 수 있습니까? 자식이 부모에게 "무엇을 낳았소?"라고 말할 수 있습니까? 그렇게 묻는 자에게는 화가 있다고 말합니다. 또한 하나님은 "자기 뜻대로 행하시나니" 그에게 "네가 무엇을 하느냐"고 물을 자가 아무도 없다고 말합니다.

모든 끝은 시작이다

솔로몬 역시 이와 같은 맥락으로 이야기를 이어 갑니다.

이 땅의 진짜 기쁨이 무엇인지 알려 줄 자가 없으며, 또한 그 누구도 내일을 알지 못한다는 말입니다.

전도서는 일관되게 인생에 대해 이야기합니다. 인생은 불확실하며 모순투성이라는 것입니다. 당장 무슨 일이 일어날지 모르는 게 인생입니다. 또한 1 더하기 1은 2가 나와야 정상인데, 1도 나오고 0.5도 나오고 4도 나오는 게 인생입니다. 도대체 이해할 수가 없습니다.

급기야는 하나님께 수많은 질문을 던집니다. 욥도 그랬습니다. 욥은 애매하게 당하는 고난 때문에 너무 괴로웠습니다. 그래서 수많은 질문을 던지고 하나님과 논쟁을 합니다. 그러나 결국 그는 전능자와 피조물 사이에 건널 수 없는 강이 있음을 깨닫습니다. 그리고 누군가 그 강을 대신 건너 줘야 함을 알게 됩니다. 욥의 눈이 열립니다. 사람에게는 메시아, 곧 중보자가 있어야 함을 깨닫고 그는 고백합니다. "내가 전에는 귀로 듣기만 하였삽더니 이제는 눈으로 주를 보나이다." 그리고 더 이상 하나님과 논쟁하지 않습니다. 전도서에서 솔로몬 역시 절대자이신 하나님과 다툴 수 없음을 분명하게 밝힙니다.

> "이미 있는 것은 무엇이든지 오래 전부터 그의 이름이 이미 불린 바 되었으며 사람이 무엇인지도 이미 안 바 되었나니 자기보다 강한 자와는 능히 다툴 수 없느니라"(전 6:10).

이름이 있는 것들은 이미 하나님이 존재케 하신 것들입니다. 존재케 하신 것들은 이미 하나님이 알고 있는 내용들입니다. 그리고 인간은 자기보다 강한 자와 다툴 수 없습니다. 천하의 왕 솔로몬보다 강한 자가 누구입니까? 바로 하나님과 오실 그리스도를 말합니다.

논쟁도, 납득도, 해석도, 이해도 안 되는 인생의 국면을 수없이 만날 때마다 마음에서 하나님과 싸우지 말라, 논쟁하지 말라는 말입니다. 그럴 때 필요한 것은 논쟁이 아니라 믿음입니다. 하나님의 전능하심과 우리를 향한 사랑을 믿으십시오.

반석과 같은 믿음을 구하라

마태복음에 나오는 모래 위에 집 지은 인생과 반석 위에 집 지은 인생을 기억하십니까? 두 인생의 싸움이 어디에서 승패가 갈립니까? 어떤 재료로 쌓았는지, 얼마나 높게 지었는지, 어떤 모양인지 등은 아무 상관없습니다. 바로 기초 싸움입니다. 반석 위에 지은 집은 잘 지은 집입니다. 모래 위에 지은 집은 잘못 지은 집입니다. 이는 방향의 문제입니다. 열심히 사는 것은 누구나 똑같습니다. 다들 열심히 돈을 벌고 자녀를 키우고 건강을 유지합니다. 그런데 그 방향이 어디로 향하고 있느냐 하는 것이 문제입니다. 인생의 풍파가 닥쳤을 때, 모래 위에 지은 집은 쓰러지고 맙니다. 그러나 반석 위에 지은 집은 걱정이 없습니다. 인생을 살다 보면 이해할 수 없는 수많은 일들을 만납니다. 그럴 때 필요한 것은 논쟁이 아니라 반석 같은 믿음임을 잊지 마십시오.

어느 토기장이 집에 아주 못 생기고 투박한 토기가 있었습니다. 그 옆으로는 잘 생기고 반듯한 토기들이 많았습니다. 그런데 정작 주인은 물 길으러 갈 때면 못생긴 데다, 금까지 간 항아리를 어깨에 메고 갔습니다. 잘난 토기들이 질투를 하고 불평을 했습니다. 정작 못 생긴 토기도 이해할 수가 없었습니다. '왜 주인은 반듯하고 잘생긴 토기들을 두고 나를 매번 데려갈까? 어느 날, 주인에게 물었습니다. "잘난 예쁜 토기들도 많은데, 왜 물 길러 가실 때는 저만 데려 가세요?" 주인이 방긋 웃으며 대답합니다.

"너와 이 길을 오간 지 꽤 되었구나. 저 길가에 이름 없이 아름답게 핀 빨간 꽃, 노란 꽃을 보아라. 어떻게 저 꽃들이 피었는지 아니? 너를 데리고 다닐 때마다 새어 나온 물을 먹고 씨에서 싹이 나고 꽃이 피어 저렇게 아름다운 꽃길이 되었단다."

못난 토기는 그제야 주인의 깊은 뜻을 알고 오래오래 잘 살았다고 합니다. 그 누가 토기장이의 일을 함부로 경책할 수 있습니까? 아무도 없습니다.

우리 인생도 마찬가지입니다. 모든 일은 토기장이인 그분의 주권 속에 있습니다. 다만 우리는 그분이 내 아버지가 되시고 나를 가장 사랑하시는 분임을 믿고 가는 것입니다. 우리가 추구하는 재물, 자녀, 시간의 문제들이 모두 욕망으로 흐르는 것이 아니라 예수 그리스도를 향해야 합니다. 우리가 이해할 수 없는 상황에서도, 받아들이기 힘든 어려움 중에서도 예수 그리스도를 향해야 합니다. 우리의 마음과 행위 속에서 순종이 나타나야 합니다. 그럴 때 우리는 주님의 편지가 되고 그리스도의 향기가 되어 값지게 쓰임 받을 것입니다.

모든 끝은 시작이다

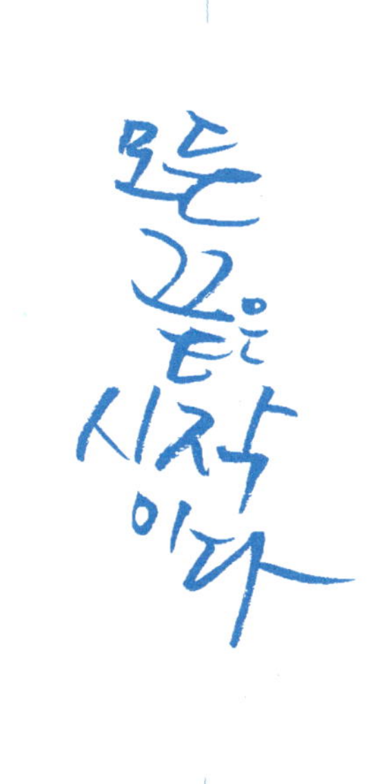
모든
고통의
시작
이다

전도자의 지혜

1. 인간은 인생이 잘되기를 갈망하는 존재입니다.

인간은 보편적으로 세 가지 복을 구하며 살아갑니다. 재물에 대한 복, 자녀들에 대한 복, 오래 살고 싶은 복입니다. 이 복에 대한 갈망을 인생의 전 목적으로 삼을 때 많은 문제가 발생합니다. 솔로몬은 세 가지 갈망의 폐단을 이야기합니다. 이 세 가지 갈망을 아무리 채워도 우리의 심령을 채울 수 없습니다.

2. 논쟁 속에서 시간을 허비하지 마십시오.

세 가지 복을 추구하고 얻기 위해 노력했는데 오히려 불행만 찾아올 때 우리는 욥과 같이 질문합니다. '정말 하나님은 존재하실까?' '존재하신다면 나에게 이런 불행한 일들이 왜 일어날까?' '내가 뭘 잘못했다고 나에게 이런 고난을 주시는가?' 이 상태에 들어서면 어떻게 해야 할까요? 자포자기하며 좌절해야 할까요? 계속 하나님과 논쟁해야 할까요? 전능자와 피조물 사이에 건널 수 없는 강이 있음을 깨달았던 욥처럼 우리 역시 절대자의 존재 앞에 무릎 꿇어야 합니다. 그분의 주권을 인정해야 합니다.

3. 오직 반석 같은 믿음을 간구하십시오.

납득도 해석도 이해도 안 되는 인생의 국면을 만날 때마다 마음으로부터 하나님과 싸우지 마십시오. 수많은 논쟁을 포기하십시오. 오직 그의 전능하심과 우리를 향한 사랑을 믿으십시오. 모래 위에 쌓은 집과 반석 위에 쌓은 집은 보통 때는 똑같습니다. 열심히 돈을 벌고 자녀를 키우며 살아갑니다. 그러나 바람 불 때 최후가 달라집니다. 그것은 재료의 싸움도 아니고 높이의 싸움도 아니며 모양의 싸움도 아닙니다. 오직 기초 싸움입니다. 오직 믿음에 기초한 인생만이 쓰러지지 않습니다.

1. 가장 관심을 가지고 갈망하는 복은 무엇입니까?

2. 이해하기 힘든 현실 속에 있습니까? 내가 취한 태도는 무엇입니까?

3. 하나님과 싸우지 않는 삶은 무엇일까요? 욥기 42장 1-6절과 마태복음 7장 24-27절을 읽고 이야기해 봅시다.

4. 하나님과 논쟁하지 않는 삶은 결국 내 삶의 가치관의 변화는 물론이고 나의 모든 것을 하나님께 내려놓을 때 가능합니다. 현재 내가 내려놓아야 할 것들과 상황에 대해 나눈 후 서로를 위해 기도하는 시간을 가지시기 바랍니다.

PART 2

희망선언

희망이 절망을 이긴다

좋은 이름이 좋은 기름보다 낫고
죽는 날이 출생하는 날보다 나으며
초상집에 가는 것이 잔칫집에 가는 것보다 나으니
모든 사람의 끝이 이와 같이 됨이라
산 자는 이것을 그의 마음에 둘지어다
슬픔이 웃음보다 나음은
얼굴에 근심하는 것이 마음에 유익하기 때문이니라
지혜자의 마음은 초상집에 있으되
우매한 자의 마음은 혼인집에 있느니라
지혜로운 사람의 책망을 듣는 것이
우매한 자들의 노래를 듣는 것보다 나으니라
우매한 자들의 웃음 소리는
솥 밑에서 가시나무가 타는 소리 같으니 이것도 헛되니라
탐욕이 지혜자를 우매하게 하고
뇌물이 사람의 명철을 망하게 하느니라
일의 끝이 시작보다 낫고 참는 마음이 교만한 마음보다 나으니
급한 마음으로 노를 발하지 말라
노는 우매한 자들의 품에 머무름이니라
옛날이 오늘보다 나은 것이 어찜이냐 하지 말라
이렇게 묻는 것은 지혜가 아니니라

전도서 7:1-10

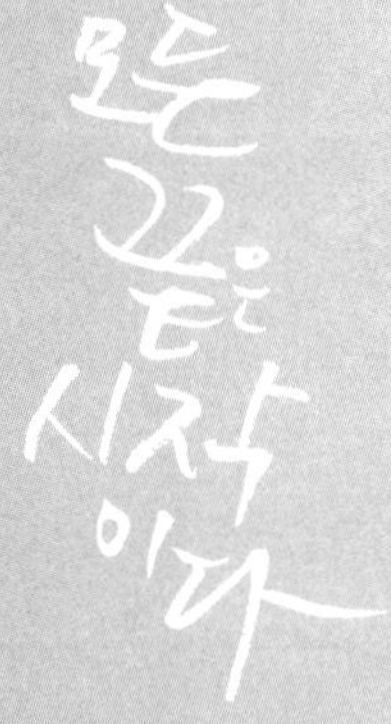

9장

사람은 무엇으로 사는가

전도서 7장은 참 재미나게 구성되어 있습니다. A보다 B가 낫다는 표현이 이어집니다. 간략한 내용을 보자면 이렇습니다. "좋은 기름보다 좋은 이름이 낫고, 출생하는 날보다 죽는 날이 낫고, 잔칫집보다 초상집이 낫고, 웃음보다 슬픔이 낫고, 우매한 자의 노래보다 지혜로운 사람의 책망이 낫고, 일의 끝이 시작보다 낫고, 교만한 마음보다 인내가 낫다." 전도서 자체가 굉장히 문학적인 성경이기 때문에 각 표현이 의미하는 바를 잘 살펴야 합니다. 먼저 솔로몬이 말한 비유적 표현 가운데 몇 가지를 살펴보겠습니다. 그리고 이 내용을 통해 솔로몬이 전하고자 했던 메시지를 파악해 보겠습니다.

인생에서 중요한 것

첫 번째, 좋은 기름보다 좋은 이름이 낫다고 말합니다.

좋은 기름은 재물을 말합니다. 매우 값진 향유 한 옥합을 예수님 머리에 부은 여인을 기억할 것입니다(마 26:7). 당시 여인에게 그러한 향유는 결혼 전에 준비하는 혼수 정도의 가치였습니다. 그런데 그러한 재물의 가치보다 좋은 이름이 낫다고 말합니다. 히브리 사람에게 이름이란 단순히 부르기 좋은 명사가 아닙니다. 하나님이 아담에게 제일 먼저 명령한 것이 무엇입니까? 모든 피조물들에게 이름을 지어 주는 것입니다. 이는 단순히 말을 갖다 붙이는 것이 아니라, 그 속성과 가치를 꿰뚫어 보는 능력입니다. 따라서 이름은 자신의 속성과 가치를 드러내는 아주 중요한 것입니다. 솔로몬은 그 어떤 재물보다 사람이 가지고 있는 가치와 속성과 삶의 자리가 중요하다고 말하고 있는 것입니다.

두 번째, 초상집에 가는 것이 잔칫집에 가는 것보다 낫다고 말

모든 끝은 시작이다

합니다.

(전 7:2).

미국에서 9·11 테러가 났을 당시 뉴욕 시장은 루돌프 줄리아니였습니다. 줄리아니는 뉴욕이 대혼란에 빠졌을 때 강한 리더십과 발 빠른 정책 마련으로 미국인들에게 깊은 인상을 남겼습니다. 그는 이탈리아계 미국인으로 무명 복서의 아들로 태어났습니다. 무명 복서였던 아버지는 "맞을수록 침착하라"고 가르쳤습니다. 덕분에 그는 위기 대처 능력이 뛰어났습니다. 또한 아버지는 "결혼식장은 선택이지만 장례식장은 필수"라고 가르쳤습니다. 왜 그랬을까요? 장례식에 가면 죽음을 마주하게 됩니다. 죽음의 소리를 듣게 됩니다. 다시 말해, 인생에 대해 다시금 생각하게 됩니다. '사람은 이렇게 살아야 하는가? 마지막 길은 무엇인가? 죽음 너머에는 무엇이 있는가?'

종교 개혁가인 마틴 루터 역시 죽음 앞에서 이런 묵상을 하고 진로를 바꿨습니다. 그는 원래 법학도였습니다. 어느 날, 친구와 길을 걷다가 벼락이 쳐서 친구가 그 자리에서 죽고 맙니다. 갑작스런 친구의 죽음 앞에서 마틴 루터는 인생에 대한 근본적인 질문을 던지게 됩니다. 그리고 신학도가 됩니다. 잔칫집에서는 흥에 겨워 생각할 여유가 없습니다. 그러나 장례식장은 묵상할 기회를 줍니다.

세 번째, 우매한 자들의 노래를 듣는 것보다 지혜로운 사람의 책망을 듣는 것이 낫다고 말합니다.

책망을 달가워 할 사람은 없습니다. 나이가 들수록 더 그렇습니다. 나이 마흔을 불혹이라고 합니다. 무엇에도 흔들리지 않는 나이라는 뜻입니다. 자기 가치관이 확고해진다는 뜻입니다만, 사실 좋은 말이 아닐 수 있습니다. 이제 그동안의 경험 세계가 축적되어 주관이 생겨서 남의 소리에 귀를 기울이지 않기 때문입니다. 그래서 마흔이 넘으면 충고가 쉽지 않습니다. 쉰, 예순이 되면 그 정도가 더 심해집니다. 그런데 생각해 보십시오. 부모의 책망, 선생님의 책망, 친구의 책망이 그리울 때가 있지 않습니까? 책망이 없으면 인생이 쓸쓸해집니다. 영화 "친구"를 보면 주인공이 자신의 인생이 왜 이렇게 어긋났는지를 이야기합니다. 청소년 시절에 가출을 했다가 며칠 만에 집에 들어갔는데, 집안 식구 가운데 누구 하나 책망하는 사람이 없었답니다. 그래서 그 길로 집을 나와 버렸다고 합니다. 책망하고 간섭하는 사람이 하나 없을 때 인생이 얼마나 쓸쓸한지 모릅니다. 봄바람 같은 말치레로는 인생이 깊어지지 않습니다.

네 번째, 웃음보다 슬픔이 낫다고 말합니다.

"우매한 자들의 웃음소리는 솥 밑에서 가시나무가 타는 소리 같으니 이것도 헛되니라"(전 7:6).

요즘은 재미가 대세인 시대입니다. 모든 일에 재미가 중요한 가치가 되어 버렸습니다. 배우자로도 유머러스한 사람을 선호합니다. 연예인들도 자기 분야의 전문성뿐 아니라 유머를 갖춰야 더 인기를 얻습니다. 회사도 이왕이면 재미있는 인간형을 뽑습니다. 안타깝게도 교회도 설교가 재미있어야 부흥이 된다는 잘못된 논리에 빠져 있습니다. 재미는 인간 생활에 아주 중요한 것입니다. 그러나 재미만 추구하다 보면, 삶이 너무 가벼워집니다. 우스갯소리로, 요즘 시대는 검색만 남고 묵상이 사라졌다고들 합니다. 깊이 들어가는 것을 싫어합니다. 책도 두껍고 글씨가 빼곡한 것은 안 팔립니다. 그림도 들어가고 글씨도 커서 읽기 쉬운 책이 잘 팔립니다. 그러나 사람은 재미로만 살 수 없습니다. 전도서 말씀은 이러한 의미로서 인생의 균형을 찾아갑니다.

다섯 번째, 참는 마음이 교만한 마음보다 낫다고 말합니다.

'참는 마음'은 곧 '인내'입니다. 그런데 인내의 반대 개념으로 '교만'이 등장합니다. 조금 어색한 짝처럼 느껴집니다. 왜 인내의 반대가 교만입니까? 아브라함의 예를 들어 보겠습니다.

아브라함에게는 자식이 없었습니다. 하나님은 근심하는 아브라함을 이끌고 밖에 나가 밤하늘을 보여 줍니다. "그를 이끌고 밖으로 나가 이르시되 하늘을 우러러 뭇별을 셀 수 있나 보라 또 그에게 이르시되 네 자손이 이와 같으리라"(창 15:5).

아브라함이 속으로 웃었을지도 모릅니다. '지금 당장 자식이 하나도 없는데, 무슨 소리를 하시는 것이지? 그러나 하나님은

"네 몸에서 날 자가 네 상속자가 되리라"고 약속하십니다. 그런데 아무리 기다려도 아내 사라에게 태기가 없습니다. 그러자 사라가 불편한 제안을 하나 합니다. "여호와께서 내 출산을 허락하지 아니하셨으니 원하건대 내 여종에게 들어가라 내가 혹 그로 말미암아 자녀를 얻을까 하노라"(창 16:2).

아브라함은 사라의 제안에 슬그머니 지금까지 붙들던 원칙을 내려놓습니다. 하갈을 맞아 아들 이스마엘을 낳습니다. 그로부터 하나님은 13년간 침묵하십니다. 대화를 끊어 버리십니다. 하나님의 형벌 가운데 가장 무서운 벌입니다. 어렸을 적에 부모님이 빨리 몇 대 때리시면 좋겠는데, 입 꽉 다물고 침묵하실 때 얼마나 무서웠는지 모릅니다. 침묵은 때리는 것보다 무서운 형벌입니다.

그렇게 13년이 지나고 아브라함 앞에 다시 나타나신 하나님의 첫마디가 무엇입니까? "나는 전능한 하나님이라"(창 17:1). 하나님이 자신을 소개하시는 것이 아닙니다. 문자에 담긴 표정을 보십시오. "너는 왜 내 약속을 기다리지 않았느냐? 왜 나를 전능한 하나님으로 믿지 않았느냐?" 하는 책망입니다. 아무리 아파도 책망을 반가워해야 할 이유는, 하나님이 다시 우리와 관계를 맺으신다는 의미이기 때문입니다.

아브라함은 왜 기다리지 못했습니까? 왜 인내하지 못했습니까? 교만 때문입니다. 성경이 말하는 교만은 잘난 사람이 잘났다고 으스대는 것이 아닙니다. 하나님을 전적으로 믿고 의지하지 않는 모든 삶의 태도를 교만이라고 합니다. 그래서 인내의 반대말이 교만이 되는 것입니다.

인간은 하나님의 시간을, 하나님의 방식을 기다리지 못합니다. 이것이 인간의 죄입니다. 아브라함은 실수를 했습니다. 기다리지 못했습니다. 하나님에 대한 전적인 신뢰가 없었기 때문입니다. 우리는 "너희는 잠잠히 여호와를 기다리라"(시 37:7)는 시편 기자의 말에 귀를 기울여야 합니다. 그것이 겸손한 태도입니다. 성경은 전부 기다림의 역사입니다. 오실 예수 그리스도를 기다리고, 또 다시 오실 예수 그리스도를 기다리는 것입니다. 기다림이 바로 겸손입니다.

수고와 고난을 즐거워하라

지금까지 살펴본 비유적 표현 가운데, 더 낫다(좋다)고 말씀하신 것을 정리해 봅니다. 좋은 이름, 죽는 날, 초상집, 슬픔, 책망, 끝, 인내. 이들의 공통점을 꼽자면, 누구나 맞닥뜨리고 싶지 않은 장면이라는 것입니다. 피하고 싶은 상황입니다. 이를 두 단어로 정리하자면, 수고와 고난입니다. 인생에서 수고와 고난이 낫다는 것입니다. 수고와 고난을 좋아하는 인생이 어디 있겠습니까? 그런데 고난은 왜, 어떻게 왔습니까? 창세기에 답이 있습니다.

> "또 여자에게 이르시되 내가 네게 임신하는 고통을 크게 더하리니 네가 수고하고 자식을 낳을 것이며 너는 남편을 원하고 남편은 너를 다스릴 것이니라 하시고 아담에게 이르시되 네가 네 아내의 말을 듣고 내가 네게 먹지 말라 한 나무의 열매를 먹었은즉 땅은 너로 말미암아 저주를 받고 너는 네 평생에 수고하여야 그 소산을 먹으리라"(창 3:16-17).

수고는 인류가 범죄한 결과 직면한 현실입니다. 인간은 수고를 해야 먹고살 수 있습니다. 수고와 고난의 근본 뿌리를 찾아 올라가면 인간의 죄를 만납니다. 우리는 수고와 인내의 현장을 맞닥뜨릴 때마다 슬픔과 분노와 죄인된 속성을 만나게 됩니다. 수고와 고난이 주는 중요한 메시지입니다. 그렇다면, 하나님은 우리를 벌주기 위해 수고와 고난을 주신 것입니까? 로마서 8장을 보십시오.

캄캄한 터널 같은 고난과 수고는 결국 우리에게 나타날 영광을
바라보게 합니다. 장차 나타날 영광은 무엇입니까? 바로 예수 그
리스도가 오심으로 나타날 영광입니다. 예수 그리스도가 다시 오
셔서 모든 것을 완성하시고 우리 눈에 흐른 눈물을 닦아 주십니
다. 사도 요한은 "이는 보좌 가운데에 계신 어린 양이 그들의 목
자가 되사 생명수 샘으로 인도하시고 하나님께서 그들의 눈에서
모든 눈물을 씻어 주실 것임이라"(계 7:17)라고 말합니다. 또한 예
수님은 "애통하는 자는 복이 있나니 그들이 위로를 받을 것임이
요"(마 5:4)라고 말합니다.

고난은 최종 목적지가 아닙니다. 회복될 영광, 그분의 나라를
바라보게 하기 위한 중간 과정일 뿐입니다. 우리를 영원하신 위
로자, 예수 그리스도에게로 인도하는 촉매제일 뿐입니다.

그래서 사도 베드로는 "오히려 너희가 그리스도의 고난에 참
여하는 것으로 즐거워하라. 이는 그의 영광을 나타내실 때에 너
희로 즐거워하고 기뻐하게 하려 함이라"(벧전 4:13)라고 말합니다.
또한 사도 바울은 "그러므로 우리가 낙심하지 아니하노니 우리의

겉사람은 낡아지나 우리의 속사람은 날로 새로워지도다. 우리가 잠시 받는 환난의 경한 것이 지극히 크고 영원한 영광의 중한 것을 우리에게 이루게 함이니"(고후 4:16-17)라고 말합니다. 우리가 받는 환난이 아무리 엄청날지라도 장차 누릴 영광의 시간에 비교하면 경한 것입니다. 지금 겪는 고난은 길어야 70-80년입니다. 그런데 죽음 너머에는 '영원'한 삶이 기다리고 있습니다. 감히 비교가 될 만합니까?

인생의 근본적인 질문 앞에 서라

하나님은 성도들에게 두 가지 선물을 주셨습니다. 첫째가 구원이고, 둘째가 고난입니다. 고난의 고통도 선물입니다. 사람이 고통을 느끼지 못하면 죽은 것과 마찬가지입니다. 성경은 나병을 저주를 상징하는 병으로 소개합니다. 나병의 특징은 무감각하다는 것입니다. 살점이 떨어져 나가고 코가 뭉게져도 고통을 느끼지 못합니다. 영적인 병을 암시하기 때문에 나병은 특별히 제사장에게 가서 진단을 받게 되어 있었습니다. 이스라엘 백성의 영적 상태가 나병처럼 무감각해질 수 있었던 것입니다. 오늘날에도 고통이 우리의 영적인 상태를 말씀하시는 하나님의 음성으로 다가오기도 합니다.

일본의 미즈노 겐조는 뇌성마비 시인입니다. 어느 정도 장애가 심하냐면, 눈동자밖에 못 움직입니다. 그래서 벽에 일본 문자판을 붙여 놓고, 옆에서 어머니가 하나씩 짚으면 원하는 문자에서 눈을 깜박이는 방식으로 조합을 해서 시를 완성합니다. 그가 쓴 유명한 시 가운데 "괴롭지 않았더라면"이 있습니다.

만일 내가 괴롭지 않았더라면
하나님의 사랑을 받아들이지 못하였을 것을

만일 모든 형제자매가 괴롭지 않았더라면
하나님의 사랑이 전해지지 않았을 것을

만일 우리 주님이 괴롭지 않았더라면
하나님의 사랑은 나타나지 않았을 것을

시인의 고백처럼 고난과 수고와 환란은 결국 우리를 영원한 영광의 세계로 안내합니다. 그래서 고난도 복이요, 선물일 수 있습니다.

구체적으로 고난이 우리에게 주는 유익은 무엇일까요? 첫째, 고난은 우리를 정결케 합니다. 윤리나 도덕적 개념의 정결이 아닙니다. 보통 정결이라고 하면 흠도 티도 없이 도덕적으로 완벽해지는 것으로 이해합니다. 그러나 여기서 말하는 정결이란, 오직 예수님만이 유일한 구원자요 위로자임을 깨닫고 나머지를 버린다는 의미입니다. 내 인생의 헛된 것들을 모두 버리고 오직 예수님만 남게 한다는 말입니다. 둘째, 고난을 통해서 어떤 상황에서도 예수님만 의지하는 법을 배우게 됩니다. 그래서 환란 가운데 있는 백성들에게 사도 베드로는 즐거워하라고 말하는 것입니다.

이번 장을 통해 솔로몬이 말하는 인생의 역설을 살펴 보았습니다. 그는 죽는 날, 초상집, 슬픔, 책망, 인내 등 부정적 생의 요소를 더 소중히 여기라고 이야기합니다. 이런 장면들을 만나야 본질적 질문 앞에 설 수 있기 때문입니다. 수고와 고난을 직면해야 참된 위로자를 만날 수 있기 때문입니다.

우리의 죄와 눈물과 고난을 모두 짊어지시고 십자가에서 죽으신 예수 그리스도, 그분이야말로 우리가 붙들어야 할 유일한 삶의 해답입니다. 고난과 수고는 우리로 하여금 그 해답을 찾게 합니다. 인생의 순례길에서 만나는 고난과 수고를 즐거워하십시오.

전도자의 지혜

1. 인생의 역설은 우리에게 묵상의 기회를 줍니다.

솔로몬은 전도서 7장을 통해 인생의 역설을 이야기합니다. 풀어서 설명하자면, 첫째, 그 어떤 재물보다 자신의 가치와 속성을 상징하는 이름이 더 중요합니다. 둘째, 죽음의 현장인 초상집에 가야 비로소 인생에 대한 깊은 묵상을 할 수 있습니다. 셋째, 누군가의 간섭과 책망이 인생을 복되게 합니다. 넷째, 재미만으로는 살 수 없습니다. 다섯째, 우리는 하나님의 시간을, 하나님의 방식을 기다려야 합니다.

2. 수고와 고난을 즐거워하십시오.

솔로몬이 말한 이 모든 것은 곧 '수고와 고난'을 말합니다. 다시 말해 수고와 고난이 우리에게 유익하다는 것입니다. 수고와 고난 속에서 우리는 하나님 앞에 얼마나 죄인인지 깨닫습니다. 그러나 수고와 고난은 장차 다가올 영광의 순간에 비하면 아주 경한 것입니다. 또한 예수 그리스도가 다시 오셔서 우리 눈물을 닦으실 그 영광의 순간으로 가게 하는 촉매제 역할을 합니다. 따라서 사도 베드로의 말처럼 "그리스도의 고난에 참여하는 것으로 즐거워해야" 합니다.

3. 예수 그리스도만 의지하십시오.

수고와 고난은 우리를 정결케 합니다. 도덕적으로 흠이 없게 한다는 말이 아니라, 오직 예수 그리스도만이 내 인생의 진정한 구원자요 위로자이심을 믿게 한다는 말입니다. 또한 어떤 상황에서도 그분만 의지하는 법을 배우게 합니다. 고난과 수고는 인생의 유일한 해답인 예수님께로 가는 복된 통로입니다.

모든 끝은 시작이다

1. 고난이 주는 유익 두 가지를 말해 봅시다.

2. 성경에서 말하는 정결의 의미는 무엇인가요?

3. 현재 나는 어떤 수고와 고난을 겪고 있습니까? 그러한 과정 속에
   서도 정결히 행하고 있습니까?

지혜는 유산 같이 아름답고

햇빛을 보는 자에게 유익이 되도다

지혜의 그늘 아래에 있음은 돈의 그늘 아래에 있음과 같으나,

지혜에 관한 지식이 더 유익함은

지혜가 그 지혜 있는 자를 살리기 때문이니라

하나님께서 행하시는 일을 보라

하나님께서 굽게 하신 것을 누가 능히 곧게 하겠느냐

형통한 날에는 기뻐하고 곤고한 날에는 되돌아 보아라

이 두 가지를 하나님이 병행하게 하사

사람이 그의 장래 일을 능히 헤아려 알지 못하게 하셨느니라

내 허무한 날을 사는 동안 내가 그 모든 일을 살펴 보았더니

자기의 의로움에도 불구하고 멸망하는 의인이 있고

자기의 악행에도 불구하고 장수하는 악인이 있으니

지나치게 의인이 되지도 말며 지나치게 지혜자도 되지 말라

어찌하여 스스로 패망하게 하겠느냐

지나치게 악인이 되지도 말며 지나치게 우매한 자도 되지 말라

어찌하여 기한 전에 죽으려고 하느냐

너는 이것도 잡으며 저것에서도 네 손을 놓지 아니하는 것이 좋으니

하나님을 경외하는 자는

이 모든 일에서 벗어날 것임이니라

전도서 7:11-18

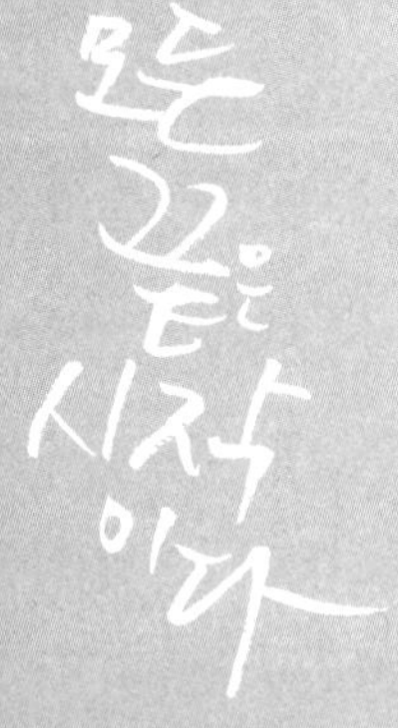

10장

하나님의 행하심을 보라

인생에서 만나는 문제는 세 가지 국면이 있습니다. 첫째는 흑백논리를 요구하는 국면입니다. 둘 중에서 하나를 선택해야만 합니다. 둘째는 비교논리를 요구하는 국면입니다. 둘의 유사점과 차이점을 판단해야 하는 영역입니다. 셋째는 인간의 머리로는 이해할 수 없는 인생의 국면입니다. 이는 가장 까다롭고 애매한 현장입니다. 이번 장에서는 바로 이 세 번째 국면에 대해 이야기합니다.

세상은 지혜와 돈이 다 필요하다

"지혜는 유산 같이 아름답고 햇빛을 보는 자에게 유익이 되도다"(전 7:11).

이 구절은 우리말로 옮길 때 문법적인 오해가 생길 수 있습니다. 여기서 '유산'이란 '재산'을 말하는데, 우리말로는 '지혜는 재물처럼 아름답다'는 의미로 들립니다. 그러나 원문을 찾아보면 완전히 다릅니다. '지혜는 재물과 함께 있을 때 아름답다'는 뜻입니다. 솔로몬이 살아 보니 세상은 지혜만 가지고는 안 되더라, 지혜와 함께 재물이 있어야 대접도 받고 완성이 되더라는 말입니다. 이제 돈의 위력이 지혜의 위력만큼 절대적인 세상이 되었습니다.

전도서 9장 15절에 보면 "그 성읍 가운데에 가난한 지혜자가 있어서 그의 지혜로 그 성읍을 건진 그것이라. 그러나 그 가난한 자를 기억하는 사람이 없었도다"라고 말합니다. 어느 마을에 위기가 닥쳤습니다. 그런데 지혜로운 사람이 지혜로 마을을 구합니다. 그런데 세월이 지나보니 그 사람을 기억하는 사람이 없습니다. 가난한 자의 지혜는 멸시를 받기조차 합니다(전 9:16). 재물이 있어야 한다는 말입니다. 거기에 동의한다는 말이 아니라 솔로몬이 살아 보니, 세상의 생리가 그렇더라는 말입니다.

다음 구절은 애매한 상황에서 가치 판단을 어떻게 해야 하는지 보여 줍니다.

"지혜의 그늘 아래에 있음은 돈의 그늘 아래에 있음과 같으나, 지

모든 끝은 시작이다

여기서 '그늘'이라는 말은 '보호'라는 의미입니다. 이는 이스라엘 백성들이 광야를 지날 때 생성된 개념입니다. 민수기나 신명기는 광야를 '크고 무섭고 두려운 광야'라고 말합니다. 전갈과 뱀이 있어서이기도 했으나, 무엇보다 낮과 밤의 기온 차이가 엄청나기 때문입니다. 낮에는 뜨거운 햇빛 속에서 한없이 걸어야 합니다. 그러다가 밤이 되면 엄청나게 춥습니다. 그래서 하나님은 40년 내내 이 공동체를 어떻게 인도하셨습니까? 낮에는 구름기둥으로, 밤에는 불기둥으로 함께하셨습니다. 구름기둥과 불기둥으로 그 공동체를 덮으셔서 뜨거운 햇빛과 차가운 밤 공기에서 보호하신 것입니다. 바로 이와 같은 개념의 '그늘'입니다. 우리도 흔히 남편 그늘, 자식 그늘 등의 표현을 씁니다. 남편이나 자식의 보호 아래 있다는 말입니다.

술로몬은 살면서 지혜의 보호도 받아 보고, 돈의 보호도 받아 봤습니다. 그런데 둘 중에 하나를 고르라면 지혜의 그늘을 택하겠다는 말입니다. 이유가 무엇입니까? "지혜 있는 자를 살리기 때문"입니다. 지혜는 결국 생명을 주더라는 말입니다. 지혜는 여호와께로부터 옵니다. 따라서 그 지혜가 생명을 살립니다. 다음 구절에서 좀 더 구체적으로 설명합니다.

돈의 보호 아래도 살고, 지혜의 보호 아래도 살아 봤지만, 결국 인생의 향방은 그 지혜의 근본이신 전능자의 손길에 달려 있더라는 말입니다. 그것을 문학적으로 "하나님께서 굽게 하신 것을 누가 능히 곧게 하겠느냐"라고 표현한 것입니다. 모든 절대 주권은 그분의 행하심에 있습니다. 아무리 천하가 밀어붙여도 하나님이 막으면 되는 일이 없습니다.

돈과 지혜 가운데 지혜를 붙잡을 수밖에 없는 이유가 바로 이것입니다. 절대 주권자이신 하나님을 인정하지 않을 수 없기 때문입니다. 숙명론이나 운명론과 헷갈리시면 곤란합니다. 미국의 신학자 라인홀트 니버의 기도문을 보면 도움이 될 것입니다.

하나님이여, 우리에게 바꿀 수 없는 일을 받아들이는 평온과, 바꿀 수 있는 일을 바꾸는 용기를, 그리고 이 두 가지를 분별하는 지혜를 내려주소서.

이 기도문은 골자가 하나님의 주권입니다. 하나님이 굽게 하신 것은 어느 인생도 펼 수 없습니다. 지혜의 그늘과 돈의 그늘과 위력 앞에서 살아본 인생의 처절한 고백입니다.

인생은 형통한 날이 있으면 곤고한 날이 있다

날마다 형통한 날만 있으면 참 좋겠습니다만, 하나님의 섭리는 그렇지 않습니다. 하나님은 형통한 날도 주시고 곤고한 날도 주십니다.

"형통한 날에는 기뻐하고 곤고한 날에는 되돌아 보아라"(전 7:14).

형통한 날에는 기뻐하십시오. 하나님이 허락하신 기쁨을 편안하게 누리십시오. 이것은 가르쳐 주지 않아도 잘합니다. 그런데 인생에는 형통한 날만 있는 것이 아닙니다. 갑작스럽게 폭풍우가 불고 감당하기 어려운 위기가 닥치기도 합니다. 그때는 뒤돌아 보십시오. '생각하라'는 말입니다. 마태복음에서는 "공중의 새를 보라"(마 6:26), "들의 백합화가 어떻게 자라는가 생각하여 보라"(마 6:28)라고 말씀합니다. 단순히 새나 백합화를 쳐다보라는 말이 아닙니다. 새들이 어떻게 먹고 사는지, 백합화가 어떻게 자라는지 생각해 보라는 말입니다.

이스라엘 민족이 광야에서 어려움을 만납니다. 곤고한 날을 맞이합니다. 그럴 때 그들은 자주 불평했습니다. 감사를 잊어버렸습니다. 제대로 생각하지 않았기 때문입니다. 그들이 어떻게 애굽 땅에서 나왔으며, 어떤 약속을 따라가고 있는지를 잊어버렸기 때문입니다. 그래서 자꾸 노역의 땅, 흑암의 땅으로 돌아가고 싶어 했습니다. 우리 역시 마찬가지입니다. 하나님의 언약에 대한 청사진이 사라진 듯하면 바로 불만을 품고 투덜거립니다. 늘 기억해야 합니다. 크리스천은 언약의 백성입니다. 이 땅에 매이거나 집착하는 인생들이 아닙니다. 마음에서 불평과 불만이 올라올 때 하나님의 약속을 기억하십시오.

"이 두 가지를 하나님이 병행하게 하사 사람이 그의 장래 일을 능히 헤아려 알지 못하게 하셨느니라"(전 7:14).

하나님은 단 한순간도 미리 알려 주시지 않습니다. 그 이유가

모든 끝은 시작이다

무엇일까요? 스포츠 경기에 비유해서 설명하겠습니다. 새벽에 한 국과 일본이 축구 경기를 한다고 생각해 봅시다. 축구를 좋아하는 사람들은 어떻습니까? 자다가도 깨서, 한시도 자리에서 뜨지 않고 경기에 집중합니다. 골이 터질 때마다 환호하고, 실망하면서 초조하게 지켜봅니다. 그런데 다음 날 녹화 경기를 보는 사람들은 어떨까요? 이미 승패를 알고 있습니다. 누가 골을 넣었는지, 어느 팀이 이겼는지 이미 압니다. 초조하게 그 앞에 앉아 집중해서 경기를 볼까요? 그렇지 않습니다. 화장실도 갔다 오고, 밥도 먹고, 커피도 마시면서 아주 산만하게 봅니다. 하나님이 장래 일을 헤아리지 못하도록 만든 것도 그와 같은 이유입니다. 하나님께만 집중하라는 것입니다. 형통한 날과 곤고한 날을 모두 겪게 함으로써 더욱 주님만 붙들게 하신 것입니다.

하나님은 오직 우리에게 '거룩하라'고 요구하십니다. '거룩'이란 관계의 개념입니다. 거룩한 신랑은 어떤 사람입니까? 신부만 사랑하는 신랑입니다. 오직 하나님만 사랑하는 사람이 거룩한 백성입니다. 아빠와 함께 놀이동산에 놀러 간 어린아이는 아빠 손만 붙잡고 다니면 됩니다. 무얼 먹을지, 무얼 탈지, 어떻게 집에 올지 걱정하시 않아도 됩니다.

의인이 망하고 악인이 승승장구한다

솔로몬은 또 이해할 수 없는 인생의 국면을 만납니다. 의인들은 망하고 악인들은 승승장구하는 현장입니다.

오늘날 우리도 마음속으로 자꾸 의문이 드는 부분일 것입니다. 악한 사람들은 다 망해야 할 것 같은데, 실제로는 너무 잘삽니다. 그런데 의인들은 시험에 떨어지고 병에 걸리고 교통사고 당하며 괴로움을 겪습니다. 정말 이해가 가지 않습니다. 아무리 열심히 노력해도 노력한 만큼 이뤄지지 않는 현실 앞에 서면 신음만 깊어질 뿐입니다. 이러한 인생의 깊은 신음을 일찍이 터득한 시편 기자가 있습니다. 시편 73편입니다.

악인의 형통함이 하늘을 찌릅니다. "그들은 죽을 때에도 고통이 없고, 그 힘이 강건하며, 사람들이 당하는 고난이 그들에게는 없고, 사람들이 당하는 재앙도 그들에게는 없나니, 그러므로 교만이 그들의 목걸이요, 강포가 그들의 옷이며, 살찜으로 그들의 눈이 솟아나며, 그들의 소득은 마음의 소원보다 많으며"(시 73:4-7).

그러한 사람들이 한둘이 아닙니다. "그들의 입은 하늘에 두고 그들의 혀는 땅에 두루 다니도다"(시 73:9). 악인들이 세상을 다 해먹는다는 말입니다. 악인들은 항상 평안하고 재물이 불어납니다. 그에 반해 마음이 정결한 자는 어떻습니까? "내가 내 마음을 깨끗하게 하며 내 손을 씻어 무죄하다 한 것이 실로 헛되도다. 나는 종일 재난을 당하며 아침마다 징벌을 받았도다"(시 73:13-14). 날마다 재난을 당합니다. 인생이 얼마나 혼란스러웠겠습니까.

그러나 "하나님의 성소에 들어갈 때에야" 악인들의 종말을 깨닫습니다(시 73:17). 곧 예수 그리스도 안에서 드디어 그 결과와 끝을 알게 된 것입니다.

"주께서 참으로 그들을 미끄러운 곳에 두시며 파멸에 던지시니 그들이 어찌하여 그리 갑자기 황폐되었는가 놀랄 정도로 그들은 전멸하였나이다 주여 사람이 깬 후에는 꿈을 무시함 같이 주께서 깨신 후에는 그들의 형상을 멸시하시리이다"(시 73:18-20).

이해할 수 없는 문제로 혼란과 영적 고통을 겪지만 결국 깨닫

습니다. 하나님의 성소 안에서, 그리스도 안에서 이 역사의 종말
과 인생의 끝이 어떠함을 알게 됩니다.

솔로몬 역시 시편 기자처럼 인생의 아이러니 앞에서 깨닫습니다.

> "지나치게 의인이 되지도 말며 지나치게 지혜자도 되지 말라 어찌
> 하여 스스로 패망하게 하겠느냐 지나치게 악인이 되지도 말며 지
> 나치게 우매한 자도 되지 말라 어찌하여 기한 전에 죽으려고 하느
> 냐"(전 7:16-17).

지나치고 극단적인 것은 좋지 않으니, 적당히 하라는 말씀입
니까? 동양사상에서 말하는 중용의 도를 말하는 걸까요? 아닙니
다. 인간은 아무리 힘쓰고 의로운 척 해도 모두 똑같은 죄인이라
는 말입니다. 죄를 지었느냐, 안 지었느냐가 중요한 게 아니라 똑
같이 그리스도 안에서 죄인이라는 사실이 밝히는 것입니다. "모
든 사람이 죄를 범하였으매 하나님의 영광에 이르지 못하더니"(롬
3:23). 이것이 인간에 대한 성경적 가치요, 정의입니다. 인간은 아
무리 의를 행해도 죄인일 수밖에 없다는 말입니다.

모든 끝은 시작이다

오직 하나님을 경외하라

그렇다면 어떻게 살아야 할까요? 솔로몬은 이 모든 것에서 자유할 수 있는 길을 알려 줍니다.

바로 하나님을 경외하는 자는 이 모든 것에서 자유할 수 있습니다. 사도 바울을 생각해 봅니다. 세상적으로 따지자면 그를 따라올 만한 집안과 혈통을 지닌 사람이 없었습니다. 학벌로 따져도 최고였습니다.

그러나 그는 그리스도 예수를 알고 크리스천이 된 뒤 그 모든 학벌과 집안을 '배설물'로 여겼습니다. "무엇이든지 내게 유익하던 것을 내가 그리스도를 위하여 다 해로 여길뿐더러, 또한 모든 것을 해로 여김은 내 주 그리스도 예수를 아는 지식이 가장 고상하기 때문이라. 내가 그를 위하여 모든 것을 잃어버리고 배설물로 여김은"(빌 3:7-8). 세상은 그를 붙잡고 옥에 가두고 죽을 지경까지 몰아넣었지만, 결코 그를 무너뜨리지는 못했습니다. 세상이 감당하지 못할 사람이 된 것입니다.

자신을 돌아보십시오. 우리는 아직도 한 손에 쥔 것을 놓치면 큰일 날 것만 같아 부들부들 떱니다. 우리는 아직도 흥하고 망하고, 성공하고 실패하고, 있고 없고의 개념이 중요한 수준에 머물러 있습니다. 그렇기 때문에 고난이 오면 쉽게 불평합니다. 이제 그 수준에서 벗어나야 합니다. 우리를 자유케 하는 진리를 붙잡아야 합니다.

사도 바울에게는 오직 예수님밖에 없었습니다. 그는 이미 세상으로부터 자유한 사람이었습니다. 우리 역시 세상이 감당치 못할 사람이 되어야 하지 않겠습니까? "하나님을 경외하는 자는 이 모든 일에서 벗어날 것"입니다. 오직 예수님만을 바라보는 사람에게는 자유함이 있을 것입니다.

모든 끝은 시작이다

모든
끝은
시작
이다

전도자의 지혜

1. 세상에는 이해할 수 없는 세 국면이 있습니다.

첫째, 지혜와 재물이 모두 필요합니다. 그러나 지혜와 재물 가운데 선택하라면 지혜를 선택해야 합니다. 둘째, 형통한 날과 곤고한 날이 있습니다. 곤고한 날에는 하나님의 인도하심과 보호하심을 기억하고 생각할 줄 알아야 합니다. 셋째, 의인보다 악인이 승승장구하는 현실을 보게 됩니다. 악인들은 항상 평안하고 재물이 불어납니다.

2. 인간은 죄인일 수밖에 없습니다.

그에 반해 의인들은 종일 재난을 당하며 징벌을 받습니다. 얼마나 혼란스러운 현실입니까? 솔로몬은 우리에게 지나치게 의인도 되지 말고, 지나치게 악인도 되지 말라고 말합니다. 이는 결국 인간이란 아무리 애를 쓰고 의로운 척해도 죄인이라는 것입니다.

3. 하나님을 경외하는 자는 자유합니다.

이 모든 어려운 국면에서 벗어날 수 있는 사람은 하나님을 경외하는 자입니다. 사도 바울은 세상적으로 최고의 가문과 학벌, 신분을 가진 사람입니다. 그러나 그는 그것을 배설물로 여겼습니다. 세상은 그에게 수많은 고난과 가난, 핍박을 가했지만, 결코 그를 무너뜨리지 못했습니다. 그는 세상이 감당치 못하는 사람이었습니다. 사도 바울은 오직 그리스도를 향해 달려갔기 때문입니다. 크리스천에게는 인생의 흥하고 망함, 있고 없음이 중요하지 않습니다. 오직 예수님만이 인생의 유일한 희망입니다.

모든 끝은 시작이다

전도자의 삶

1. 인간의 상식으로는 이해하기 힘든 인생의 부조리는 무엇일까요? 이번 장에서 살핀 세 가지 국면을 토대로 이야기해 봅시다.

2. 내가 경험했거나 경험하고 있는 어려움은 무엇입니까? 그 갈등 상황에서 나는 어떤 태도를 보이고 있습니까?

3. 아직도 내려놓지 못한 세상의 기준이 있습니까? 학벌, 재산, 자존심, 집안 등 내가 극복하지 못한 열등감의 뿌리는 무엇입니까?

내가 이 모든 것을 지혜로 시험하며 스스로 이르기를
내가 지혜자가 되리라 하였으나 지혜가 나를 멀리 하였도다
이미 있는 것은 멀고 또 깊고 깊도다 누가 능히 통달하랴
내가 돌이켜 전심으로 지혜와 명철을 살피고 연구하여
악한 것이 얼마나 어리석은 것이요
어리석은 것이 얼마나 미친 것인 줄을 알고자 하였더니
마음은 올무와 그물 같고 손은 포승 같은 여인은
사망보다 더 쓰다는 사실을 내가 알아내었도다
그러므로 하나님을 기쁘게 하는 자는
그 여인을 피하려니와 죄인은 그 여인에게 붙잡히리로다
전도자가 이르되 보라 내가 낱낱이 살펴
그 이치를 연구하여 이것을 깨달았노라
내 마음이 계속 찾아 보았으나 아직도 찾지 못한 것이 이것이라
천 사람 가운데서 한 사람을 내가 찾았으나
이 모든 사람들 중에서 여자는 한 사람도 찾지 못하였느니라
내가 깨달은 것은 오직 이것이라
곧 하나님은 사람을 정직하게 지으셨으나
사람이 많은 꾀들을 낸 것이니라

전도서 7:23-29

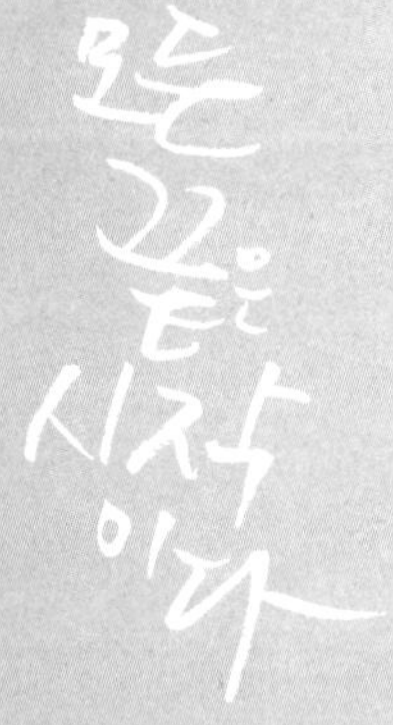

11장

신앙인의 출발점

사람은 살아가는 데 세 가지 큰 틀이 있습니다. 첫째는 절대자 곧 하나님과의 관계입니다. 인간은 그리스도를 믿든 그렇지 않든 모두 절대자를 찾아가는 존재입니다. 특별히 크리스천은 늘 하나님과 나와의 관계에 대해 늘 고민합니다. 하나님 앞에서 어떤 존재로 살아가야 하는가를 늘 살피며 살아갑니다.

둘째는 나 자신과의 관계입니다. 나는 어떤 존재일까? 이 땅에 왜 태어났을까? 제대로 살고 있는 건가? 자신과 관련한 여러 질문들을 스스로에게 던지며 끊임없이 성장해 갑니다.

셋째는 타인과의 관계입니다. 이 땅에 태어나는 순간, 가장 가까운 이웃인 부모로부터 관계를 맺으며 살아갑니다. 원하든 원하지 않든, 인생이란 가족과 이웃과의 만남의 연속입니다. 이 관계에서도 고민은 계속됩니다. 나는 부모에게 올바른 자녀인가? 아빠 혹은 엄마 노릇을 제대로 하고 있는가? 친구 혹은 선후배에게 나는 어떤 존재인가? 끊임없이 묻고 답을 찾아 갑니다. 이번 장에서 솔로몬은 인생의 이러한 세 가지 범주에 대해 질문을 던집니다. 솔로몬이 얻은 결론은 무엇인지 함께 살펴봅시다.

나 자신과의 관계

솔로몬은 먼저 자기 자신과의 관계를 살핍니다. 솔로몬은 당대 최고의 인정받는 지혜자입니다. 하나님이 인정하고, 세상이 인정하고, 스스로도 자부하는 사실이었습니다. 온 땅의 지혜자들이 그를 만나러 왔습니다. 그의 지혜를 듣기 위해 금은 폐물을 가지고 와서 경배했습니다. 자신보다 더 나은 지혜자가 없다고 자부할 수 있을 정도였습니다. 그런데 어느 날 눈을 떴는데 막막함을 느낍니다. 나름 최고의 지혜자라고 생각했는데, 문득 그 끝을 모르겠습니다. 낯선 곳에서 낯선 아침을 만나듯 그렇게 익숙하던 지혜들이 끝 모를 절망감만 안겨 줍니다. 비로소 깨닫습니다.

"내가 이 모든 것을 지혜로 시험하며 스스로 이르기를 내가 지혜자가 되리라 하였으나 지혜가 나를 멀리 하였도다"(전 7:23).

모든 끝은 시작이다

솔로몬은 수많은 지혜서와 연구들을 통해 지식의 세계를 탐닉했습니다. 그래서 최고의 자리에 앉았습니다. 그런데 어느 순간 망망대해와 같은 지혜의 바다에서 절망감을 느끼며, 무한한 세계 속에서 유한한 자신의 존재를 깨닫습니다. "지혜가 나를 멀리" 하는 것처럼 느낍니다.

생각해 보십시오. 지구, 태양, 달, 수많은 행성과 유성들이 무질서하게 던져져 있는 것 같지만, 정확한 비율과 논리로 움직입니다. 이 무서우리만치 정확한 힘의 움직임을 인간이 어떻게 다 밝힐 수 있겠습니까? 인간이 아무리 열심히 연구한들, 길가에 핀 들풀 하나의 생명도 명확하게 그 정체를 밝힐 수 없습니다. 어느 화가가 가을 단풍의 아름다움을 해명할 수 있을까요? 어느 과학자가 그 오묘함을 밝혀낼 수 있을까요?

유명한 강해 설교자 찰스 스윈돌은 "참 지혜는 하나님의 눈으로 세상을 볼 줄 아는 것"이라고 말했습니다. 맞습니다. 인간의 눈으로는 한계가 있습니다. 최고의 지혜자였던 솔로몬이 인생을 살고 보니, 자부하던 모든 지혜들이 결국 한계가 있음을 깨닫습니다. 우리가 흔히 '세계관'이라는 말을 사용하는데, 이는 세상을 바라보는 눈이라는 말입니다. 직업에 대해, 세상의 문제에 대해, 정치에 대해, 환경에 대해 이해하고 해석하는 렌즈와 같은 것입

니다. 그런데 자신의 눈으로 세상을 바라보는 것은 참 지혜가 아
닙니다. 솔로몬이 이 사실을 깨닫습니다.

> "이미 있는 것은 멀고 또 깊고 깊도다 누가 능히 통달하랴"
>
> (전 7:24).

솔로몬은 자신에 대해 절망을 합니다. '도대체 누가 이를 통달
할 수 있겠느냐' 하는 말입니다. 여기서 '멀리 있다'는 말은 '잘 모
르겠다'는 뜻입니다. 그동안 안다고 생각했는데, 잘 모르겠다는
말입니다. 또한 '도움이 안 되더라'는 의미입니다. 굉장히 도움이
될 줄 알았는데, 별로 도움이 안 되더라는 깨달음입니다.

둘째, 타인과의 관계

이제 솔로몬은 다른 쪽으로 시선을 돌립니다.

> "내가 돌이켜 전심으로 지혜와 명철을 살피고 연구하여 악한 것이
>
> 얼마나 어리석은 것이요 어리석은 것이 얼마나 미친 것인 줄을 알
>
> 고자 하였더니 마음은 올무와 그물 같고 손은 포승 같은 여인은 사

'여인'이 등장하는데, 이는 실제적인 여인뿐 아니라 그 이면에 솔로몬이 평생 겪은 어떤 문제를 은유적으로 표현한 것입니다.

솔로몬은 곁에 둔 여인이 많았습니다. "솔로몬 왕이 바로의 딸 외에 이방의 많은 여인을 사랑하였으니 … 왕은 후궁이 칠백 명이요, 첩이 삼백 명이라"(왕상 11:1-3). 이는 어떤 성적인 탐닉을 말하는 게 아니고, 다양한 문명권의 여인들과 평생에 걸쳐서 관계하고 교제하고 살았다고 보면 됩니다. 원래 히브리인들은 이방 여인과 결혼하면 안 됩니다. 순수혈통주의 때문이라고 하지만, 그 이면에 하나님의 의도가 있었습니다. 이방 여인과 결혼한다는 것은 단순히 혈통이 섞이는 차원의 문제가 아닙니다. 이방 여인들이 섬기던 신을 수입해 오는 셈인 것입니다. 그 '신'이라는 것에는 그 나라의 가치와 문화가 담겨 있는 법입니다. 그러니까 이방 신이 유입된다는 것은 단순한 문제가 아닙니다. 이방 문화와 철학과 가치와 인식 세계가 들어온다는 말입니다. 혈통뿐입니까, 결국 종교 혼합주의가 형성되고 맙니다. 결국 끝이 어떻습니까?

올바른 기독교 신앙이 무너지고 나라가 두 쪽이 납니다.

그래서 기독교는 날마다 개혁되어야 합니다. 기독교에서 '개혁'이란 정의를 바로 세우고 의를 주장하는 것이 아닙니다. 끊임없이 불순물을 뽑아 없애는 것이 개혁입니다. 성경적인 선명한 본질과 가치를 유지하는 것이 개혁입니다.

그런데 솔로몬은 천여 명의 여자를 후궁과 첩으로 맞아들였습니다. 이를 통해 그들의 문화와 철학과 힘의 세계를 경험합니다. 평생에 걸쳐 얼마나 많은 세계를 경험하고 축적했겠습니까? 그러나 그 결론은 어떻습니까? "마음은 올무와 그물 같고 손은 포승 같은 여인은 사망보다 더 쓰다는 사실을 내가 알아내었도다." 그 모든 경험들이 결국 죽음보다 더 쓰다는 사실을 깨닫습니다.

셋째, 하나님과의 관계

그렇다면 세상적인 탐닉을 피할 길은 무엇일까요? 솔로몬은 "하나님을 기쁘게 하는 자는 그 여인을 피하려니와 죄인은 그 여인에게 붙잡히리로다"라고 말합니다. '하나님을 기쁘게 하는 자'란 두 가지 의미로 설명할 수 있습니다. 첫째는 참된 유익을 아는 자이고 둘째는 하나님께 은혜를 입은 자라는 뜻입니다. 여기서

모든 끝은 시작이다

정확한 뜻은 '하나님께 은혜를 입은 자'입니다. 하나님께 은혜를 입은 자는 세상적인 탐닉을 피할 수 있으나 은혜를 입지 못한 자는 탐닉에 빠질 수밖에 없습니다.

아무리 똑똑해도 부지런한 사람 못 당하고, 아무리 똑똑하고 부지런해도 운 좋은 사람 못 당하고, 아무리 똑똑하고 부지런하고 운 좋아도 은혜 입은 사람 못 당합니다.

하나님께 은혜를 입었다는 것은 무엇입니까? 하나님이 편들어 주기로 작정했다는 말입니다. 요셉을 생각해 보십시오. 세상은 평생에 걸쳐 그를 무너뜨리려고 합니다. 물 없는 웅덩이에 던지고 종으로 팔아먹고 감옥에도 집어넣습니다. 그런데 그가 어떤 사람이 됩니까? "요셉은 무성한 가지 곧 샘 곁의 무성한 가지라. 그 가지가 담을 넘었도다. 활쏘는 자가 그를 학대하며 적개심을 가지고 그를 쏘았으나 요셉의 활은 도리어 굳세며 그의 팔은 힘이 있으니 이는 야곱의 전능자 이스라엘의 반석인 목자의 손을 힘입음이라"(창 49:22-24). 하나님이 편들기로 작정한 인생은 샘 곁에 심긴 가지가 되어 담을 넘습니다. 이스라엘 땅을 벗어나 기근 때 그 나라와 세계를 먹여 살리는 복의 통로가 됩니다.

하나님의 은혜만이 우리를 보호하십니다. 하나님의 은혜만이 우리의 피난처이십니다. 하나님의 은혜를 입는 자가 되게 해 달라고, 하나님이 펀드는 인생이 되게 해 달라고 기도해야 합니다.

또 다른 인물, 노아를 봅시다. 창세기 6장에 보면 노아는 "의인이요, 당대에 완전한 자"(창 6:9)였습니다. 그는 "하나님과 동행하였으며"(창 6:9) 또한 "하나님이 자기에게 명하신 대로 다 준행"(창 6:22)했습니다. 이것이 노아 인생의 간략한 요약입니다. 어떻게 이렇게 살 수 있을까요? 어떻게 하나님이 명하신 것을 다 준행할 수 있을까요? 6장 앞부분에 아주 중요한 단초가 있습니다.

"노아는 여호와께 은혜를 입었더라"(창 6:8).

은혜를 입었기에 이 모든 것이 가능했던 것입니다. 우리도 마찬가지입니다. 하나님의 은혜가 임해야 합니다. 솔로몬 역시 이 사실을 깨달았던 것입니다. 그래서 솔로몬은 자신에게 은혜의 진리를 가져다 줄 사람이 누굴지를 찾습니다.

"전도자가 이르되 보라 내가 낱낱이 살펴 그 이치를 연구하여 이것을 깨달았노라 내 마음이 계속 찾아보았으나 아직도 찾지 못한 것이 이것이라 천 사람 가운데서 한 사람을 내가 찾았으나 이 모든 사람들 중에서 여자는 한 사람도 찾지 못하였느니라"(전 7:27-28).

모든 끝은 시작이다

솔로몬은 은혜를 부어 줄 사람을 찾았습니까? 못 찾았습니다. 매우 문학적인 표현이라 해석하기가 난감할 수 있습니다. 예를 들면 이런 식으로 답한 것입니다.

한 친구가 내게 1억을 꿔 달라고 했다고 칩시다. 내게 그런 돈이 있겠습니까? 그럴 때 이렇게 답을 합니다. "지갑에 지금 돈 만 원밖에 없다. 이거라도 가져갈래?" 그냥 "나한테 1억이 어디 있어? 없어" 하지 않고 이런 식으로 돌려서 표현한 것입니다.

솔로몬이 전도서를 통해 지속적으로 던진 질문이 무엇입니까? "해 아래 참된 위로자가 누구냐, 내게 참된 길을 열어 줄 자가 누구냐?"입니다. 결론은 이번 장에서도 마찬가지입니다. 해 아래 그런 사람은 한 명도 없다는 것입니다. "기록된 바 의인은 없나니 하나도 없으며"(롬 3:10)와 일맥상통한 말입니다.

인간이 하나님을 떠난 결과

솔로몬은 왜 이런 일이 벌어졌는지까지 이야기합니다.

"내가 깨달은 것은 오직 이것이라 곧 하나님은 사람을 정직하게 지으셨으나 사람이 많은 꾀들을 낸 것이니라"(전 7:29).

하나님은 사람을 정직하게 지으셨습니다. 하나님의 형상대로 바르게 지었다는 말입니다. 우리를 완전하게 창조하셨습니다. 그런데 교만이 마음에 들어온 한 사람으로 말미암아 인류는 죄인이 되고 맙니다. 하나님과의 관계가 멀어지고 그 결과, 인간은 절망을 만날 수밖에 없는 존재가 된 것입니다. 전도서는 끊임없이 그 인간의 절망을 이야기하는 것입니다.

그런데 놀랍게도 성경 중에 전도서의 짝이 되는 성경이 있습니다. 바로 솔로몬이 쓴 '아가서'입니다. 전도서에서는 끊임없이 "인생의 참된 위로자가 누구인가"를 물으며 절망스러운 인생살이를 이야기합니다. 이와 병렬적으로 아가서는 신랑이 사랑하는 여인을 찾아나서는 장면을 그립니다. 이는 잃어버린 백성을 찾아나서는 하나님의 가슴 아픈 구애를 문학적으로 표현한 것입니다. 아가서 6장을 봅시다.

"여자들 가운데에서 어여쁜 자야 네 사랑하는 자가 어디로 갔는가 네 사랑하는 자가 어디로 돌아갔는가 우리가 너와 함께 찾으리라"(아 6:1).

하나님은 에덴동산에서 "아담아, 아담아, 네가 어디 있느냐" 하

모든 끝은 시작이다

며 아담을 찾으셨던 것처럼 "내 사랑하는 자야" 하고 찾으십니다.

드디어 사랑하는 자를 발견합니다. 솔로몬은 술람미 여인을 만납니다. 이는 신랑 예수님과 그의 신부가 될 교회의 사랑을 빗대어 표현한 것입니다. 이 이야기는 로마서에서 완성됩니다. 로마서 5장을 봅니다.

"그러므로 한 사람으로 말미암아 죄가 세상에 들어오고 죄로 말미암아 사망이 들어왔나니 이와 같이 모든 사람이 죄를 지었으므로 사망이 모든 사람에게 이르렀느니라"(롬 5:12).

"그런즉 한 범죄로 많은 사람이 정죄에 이른 것 같이 한 의로운 행위로 말미암아 많은 사람이 의롭다 하심을 받아 생명에 이르렀느니라"(롬 5:18).

"이는 죄가 사망 안에서 왕 노릇 한 것 같이 은혜도 또한 의로 말미암아 왕 노릇 하여 우리 주 예수 그리스도로 말미암아 영생에 이르게 하려 함이라"(롬 5:21).

여기서 한 사람은 첫 번째 아담을 가리킵니다. 그 아담의 범죄로 많은 사람이 사망에 이르렀습니다. 그러나 "한 의로운 행위"로 다시 많은 사람이 생명에 이르렀습니다. "예수 그리스도로 말미암아 영생에" 이른 것입니다. 영생이란 오래 사는 것을 말하는 것이 아니라 풍성한 삶을 말합니다. 인간의 본질적인 문제를 해결할 수 있는 분은 두 번째 아담이신 예수 그리스도뿐입니다. 그분은 우리에게 영생을 주시고 은혜를 베푸십니다.

인생의 출발점, 예수 그리스도

솔로몬은 지혜의 한계 앞에서 절망합니다. 또한 수많은 여인들을 탐닉하면서 온 세상을 섭렵합니다. 그러나 이는 사망보다 더 쓴 뿌리임을 깨달았습니다. 하나님의 은혜를 입지 못하면 이 쓴 뿌리에서 벗어날 수가 없습니다. 결국 인간은 하나님의 은혜를 입어야 합니다. 이 땅에서 은혜를 가져다 줄 자가 누구입니까? 해

모든 끝은 시작이다

아래에는 절대 없습니다. 끊임없는 질문 속에서 솔로몬은 절대자를 향합니다. 인간은 한 사람의 죄로 말미암아 하나님으로부터 멀어졌지만 또 한 사람의 순종으로 영생을 얻고 은혜를 입게 되었습니다. 첫 번째 사람은 아담이요, 두 번째 사람은 바로 예수 그리스도이십니다.

예수님은 우리에게 생명을 주고 그 생명을 풍성케 하기 위해 오셨습니다. 솔로몬은 절박한 마음으로 바로 이 한 사람, 예수 그리스도가 우리의 소망이 된다는 사실을 일깨워 주고 있습니다.

두 가지 사실을 늘 기억해야 합니다. 첫째는 나 자신이 얼마나 연약하고 아무런 소망이 없는 존재인지를 하나님 앞에서 철저히 깨달아야 한다는 사실입니다. 둘째는 그런 나에게 영원한 생명, 곧 풍성한 삶을 주시기 위해 십자가에서 죽으신 예수 그리스도를 붙잡아야 한다는 사실입니다. 예수 그리스도를 인생의 출발점으로 삼으십시오. 그분 앞에 혼란스러운 인생을 내려놓고 그분의 은혜에 붙들려 새롭게 삶을 시작하십시오.

전도자의 지혜

모든 끝은 시작이다

1. 인간은 무지하고 무능력한 존재입니다.

솔로몬은 자타가 공인하는 최고의 지혜자였습니다. 그러나 인생을 다 살고 보니, 지혜조차도 한계가 있음을 깨닫습니다. 망망대해에서 물 한 바가지 떠서 마신 정도밖에 안 된다는 사실 앞에서 그는 자신의 무지함과 무능력함을 철저하게 깨닫습니다.

2. 관계의 탐닉은 만족을 주지 못합니다.

솔로몬은 평생에 걸쳐 천 명의 여인과 관계를 맺고 살았습니다. 이는 성적 탐닉이기보다는 관계의 탐닉입니다. 그는 이방 여인을 받아들인 만큼 다양한 문화와 가치, 철학을 경험합니다. 그러나 결론은 행복하지 않습니다. 오히려 그러한 탐닉이 죽음보다 더 쓰다는 사실을 깨닫습니다. 결국엔 신앙이 혼탁해지고 종국에는 나라가 두 쪽 나고 맙니다.

3. 하나님만이 피할 길입니다.

솔로몬은 '하나님을 기쁘게 하는 자'는 세상적인 탐닉을 피할 수 있다고 말합니다. '하나님을 기쁘게 하는 자'는 다시 말해, '하나님께 은혜를 입은 자'입니다. 솔로몬은 은혜 받기 원했지만, 해 아래에서는 은혜 줄 자를 찾지 못했습니다. 로마서는 "의인은 없나니 하나도 없다"고 말합니다. 이유가 무엇입니까? 한 사람의 죄로 말미암아 인류 속에 죄가 들어왔고, 인간은 모두 하나님을 멀리 떠난 죄인이 되었기 때문입니다. 하나님을 떠난 인간은 절망적인 삶을 만날 수밖에 없습니다. 하나님과의 관계를 이어 줄 끈은 오직 한 사람, 예수 그리스도뿐입니다. 모든 인간의 본질적인 문제는 오직 예수 그리스도만 해결할 수 있습니다.

모든 끝은 시작이다

전도자의 삶

1. 솔로몬이 깨달은 인생의 관계 세 가지는 무엇인가요?

2. 본문의 말씀에서 우리에게 '은혜 줄 자'를 나타내는 성경 두 곳을
   찾아봅시다.

3. 나는 지혜와 지식을 강조하는 이성주의자인가요? 아니면 경험을
   더 중시하는 경험주의자인가요? 그 외에도 자신이 인생에서 중요하
   게 생각하는 것이 있다면 말해 봅시다.

4. 세상을 살아가는데 있어서 지혜와 지식, 그리고 경험은 무척 중요
   합니다. 하지만 더 중요한 것은 바로 은혜입니다. 우리 신앙의 출발
   점이기도 합니다. 삶에서 지혜와 지식 또는 경험으로 해결하지 못했
   지만, 은혜로 해결된 일이 있다면 나눠 봅시다.

내가 이 모든 것들을 보고 해 아래에서 행하는 모든 일을 마음에 두고 살핀즉
사람이 사람을 주장하여 해롭게 하는 때가 있도다
그런 후에 내가 본즉 악인들은 장사지낸 바 되어 거룩한 곳을 떠나
그들이 그렇게 행한 성읍 안에서 잊어버린 바 되었으니 이것도 헛되도다
악한 일에 관한 징벌이 속히 실행되지 아니하므로
인생들이 악을 행하는 데에 마음이 담대하도다
죄인은 백 번이나 악을 행하고도 장수하거니와
또한 내가 아노니 하나님을 경외하여 그를 경외하는 자들은 잘 될 것이요
악인은 잘 되지 못하며 장수하지 못하고
그 날이 그림자와 같으리니 이는 하나님을 경외하지 아니함이니라
세상에서 행해지는 헛된 일이 있나니
곧 악인들의 행위에 따라 벌을 받는 의인들도 있고
의인들의 행위에 따라 상을 받는 악인들도 있다는 것이라
내가 이르노니 이것도 헛되도다
이에 내가 희락을 찬양하노니 이는 사람이 먹고 마시고 즐거워하는 것보다
더 나은 것이 해 아래에는 없음이라 하나님이 사람을 해 아래에서
살게 하신 날 동안 수고하는 일 중에 그러한 일이 그와 함께 있을 것이니라
내가 마음을 다하여 지혜를 알고자 하며 세상에서 행해지는 일을 보았는데
밤낮으로 자지 못하는 자도 있도다 또 내가 하나님의 모든 행사를 살펴 보니
해 아래에서 행해지는 일을 사람이 능히 알아낼 수 없도다
사람이 아무리 애써 알아보려고 할지라도 능히 알지 못하나니
비록 지혜자가 아노라 할지라도 능히 알아내지 못하리로다

전도서 8:9-17

12장

모순 속의 깨달음

솔로몬이 노년에 고백을 합니다. "인생은 허무하다." "인생은 불확실하다." 이번 장에서는 여기에 더해 "인생은 모순으로 가득하다"라고 고백하는 부분을 살펴볼 것입니다.

모순이 무엇입니까? 중국 초나라에 어느 장사꾼이 한쪽에는 창을 놓고, 다른 한쪽에는 방패를 놓고 장사를 하고 있었습니다. 그러다가 창을 들고 큰 소리로 이렇게 외쳤습니다. "이 창으로 말할 것 같으면, 어떤 것도 뚫을 수 있는 만능 창입니다." 사람들이 모여 듭니다. 신이 나서 장사를 합니다. 이번에는 방패를 들고는 "이 방패로 말할 것 같으면, 어떤 창에도 끄덕하지 않는 최고의 방패입니다." 사람들이 방패로 모여 듭니다. 그런데 한 노인이 묻습니다. "이보게, 자네 말이 사실이라면 이쪽 창을 그 방패에 던져 보시오." 장사꾼이 장사에 눈이 멀어 말이 안 되는 소리를 한 것입니다. 이를 두고 창 '모(矛)'에 방패 '순(盾)'을 써서 '모순'이라는 말이 탄생했습니다. 대부분의 사람들이 아는 이야기일 것입니다. 하지만 인생의 모순은 딱히 설명할 수 없는 경우가 대부분입니다.

혈기가 왕성할 때는 삶의 모순이 잘 보이지 않습니다. 그러나 나이가 들수록 모순이라는 절벽 앞에 숨이 턱 하고 막힐 때가 많습니다. 하나님의 일을 기쁘게 하던 분이 어린 자녀들을 남겨 두고 돌연 세상을 떠날 때, 감사함으로 키우던 아이가 급사했을 때, 신실한 가정에 뜻하지 않은 경제적 어려움이 닥칠 때 등 황당한 일들을 주변에서 목격합니다. 실제로 중국에서 열심히 복음을 전하시던 선교사님이 심장마비로 아이를 잃고 힘들어하는 모습을 곁에서 지켜본 적이 있습니다. 결혼하고 10년 만에, 그것도 선교사로서의 삶을 시작할 때 주신 아이였습니다. 그런데 함께 조깅을 하다가 갑자기 심장마비로 세상을 떠났습니다. 선교사님이 "목사님, 정말 하나님이 하시는 일은 잘 모르겠어요. 차라리 자식을 주시지 말지 왜 느지막하게 주셨다가 다시 데려가시는 건지 모르겠습니다"라고 말씀하실 때 참 마음이 아팠습니다. 인간의 머리로는 이해할 수 없는 일들이 많습니다.

모든 끝은 시작이다

모순이 가득한 세상

솔로몬은 평생에 걸쳐 아마도 이런 일들을 많이 목격했을 것입니다. 이번 장에서 살펴볼 본문에 보면 "세상에서 행해지는 일을 보았다"고 말합니다. 그리고 "밤낮으로 자지 못하는 자"도 있다고 말하는데, 바로 솔로몬 자신을 가리키는 것입니다. 이는 밤낮으로 하나님을 향해 질문을 던지며 살았음을 의미하는 표현입니다.

"내가 마음을 다하여 지혜를 알고자 하며 세상에서 행해지는 일을 보았는데 밤낮으로 자지 못하는 자도 있도다"(전 8:16).

솔로몬은 평생 하나님을 향해 질문을 던지며 하나님을 추구하며 살았습니다. 평생 하나님을 향한 갈증과 목마름이 있었습니다. 크리스천에게는 이 목마름이 식지 않아야 합니다. "사슴이 시냇물을 찾기에 갈급함 같이 내 영혼이 주를 찾기에 갈급하니이다"(시 42:1)라는 시편 기자의 고백이 오늘 우리의 고백이어야 합니다. 이 목마름이 사라지는 순간부터 영혼에 위기가 찾아옵니다. 다행히 솔로몬은 모든 것을 쥐고 누리며 살았지만 그 의식 한복판에는 늘 하나님을 향한 목마름이 있었습니다.

솔로몬은 이어서 몇 가지 결론에 이릅니다.

> "그런 후에 내가 본즉 악인들은 장사 지낸 바 되어 거룩한 곳을 떠나 그들이 그렇게 행한 성읍 안에서 잊어버린 바 되었으니 이것도 헛되도다"(전 8:10).

> "세상에서 행해지는 헛된 일이 있나니 곧 악인들의 행위에 따라 벌을 받는 의인들도 있고 의인들의 행위에 따라 상을 받는 악인들도 있다는 것이라 내가 이르노니 이것도 헛되도다"(전 8:14).

첫째, 세상은 공평하지 않다는 것을 깨닫습니다. 악인이나 의인이나 관 속에 누운 것은 똑같더라는 말입니다. 관 속에 누우면 잊힙니다. 못된 짓 하다 죽어도 잊히고 이웃을 위해 선한 일을 하다 죽어도 세월이 가면 잊힙니다. 이 땅의 평가가 공평하지 않더라는 말입니다.

왜 그럴까요? 세상은 눈에 보이지 않는 것은 보지 못하기 때문입니다. 생텍쥐페리가 쓴 『어린왕자』에 보면 "정말 중요한 것은 눈에 보이지 않는다"는 말이 나옵니다. 그 말처럼 타락한 육신의 눈으로는 절대 보지 못하는 것이 있는 게 사실입니다.

모든 끝은 시작이다

사도 바울은 옥 중에 있을 때 이런 글을 씁니다. "이제 후로는 나를 위하여 의의 면류관이 예비되었으므로 주 곧 의로우신 재판장이 그 날에 내게 주실 것이며 내게만 아니라 주의 나타나심을 사모하는 모든 자에게도니라"(딤후 4:8). 자비하신 하나님, 전능하신 하나님 등 하나님에 대한 묘사가 많은데 굳이 '의로우신 재판장'이라는 법정 용어를 가져다 씁니다. 세상은 그를 잡아 옥에 가두고 사형을 선고했지만, 이것이 최종 평가가 아니라는 사실을 바울이 알았기 때문입니다. 우리 눈에는 보이지 않지만 더 영원하고 진정한 하나님의 공의로운 평가가 남아 있음을 말하는 것입니다.

우리에게는 영원한 평가가 남아 있습니다. 그럼에도 불구하고 눈에 보이는 열매, 눈에 보이는 공로만을 좇아가는 게 현실입니다. 안타깝게도 교회 안에조차 세속적인 물결이 들어와 있습니다. 깨어 있어 이런 흐름에 속지 말아야 합니다.

둘째, 인간은 장래 일을 알 수 없다는 것입니다. 이 주제는 전도서 전체에 걸쳐 반복되는 내용입니다.

"또 내가 하나님의 모든 행사를 살펴보니 해 아래에서 행해지는 일을 사람이 능히 알아 낼 수 없도다 사람이 아무리 애써 알아보려

앞서 살펴봤듯이 하나님은 형통함과 곤고함을 병행케 하사 사람이 장래 일을 알지 못하게 하셨습니다. 이유는 딱 하나입니다. 라이브로 손에 땀을 쥐며 운동 경기를 지켜보듯이 긴장을 늦추지 않고 늘 하나님께 집중케 하기 위함입니다.

희락을 주신 하나님

그런데 이렇게 불공평하고 무슨 일이 일어날지 모르는 세상이라면 인간의 삶이 얼마나 고단하고 피곤할까요? 앞으로 살아갈 날이 많은데, 인생이 이렇게 우울한 것이라니 힘이 더 확 빠질 것만 같습니다. 하나님은 놀랍게도 방편을 마련해 주셨습니다.

하나님은 우리에게 '희락'을 주셨습니다. 희락은 히브리어로 '쉬므하'라고 합니다. 이는 하나님이 주시는 기쁨을 말합니다. 크리스천들이 모이면 성경공부도 하고 기도도 하지만 재미나게 교제도 합니다. 아직까지도 이러한 '희락'에서 자유하지 못한 분들도 있습니다. 오직 기도와 말씀만 강조하는 분들이 있어요. 그러나 우리가 어울려 즐겁게 교제하는 것을 보면 하나님이 화를 내실까요? 아닙니다. 하나님은 그런 분이 아닙니다. 우리도 자녀들이 어울려 재미나게 노는 것을 보면 마음이 흐뭇합니다. 마찬가지로 하나님도 우리가 즐겁게 노는 것을 보며 흐뭇해하십니다.

하나님은 우리에게 영과 육을 함께 주셨습니다. 그런데 한쪽에서는 육체를 죽이고 오직 영혼만을 강조합니다. 또 한쪽에서는 영혼을 무시하고 육체만을 강조합니다. 여기서 금욕주의가 나오고 쾌락주의가 나온 것입니다. 개혁주의 신앙은 두 입장을 모두 배격합니다. 육체도 영혼도 모두 귀하고 소중합니다. 분리할 수 없는 일원론적 가치를 가져야 합니다.

그런데 성경에서 말하는 가장 소중한 기쁨의 가치가 무엇일까요? 모든 기쁨의 출처는 '평안'입니다. 그런데 평안은 어떤 상태를 말하는 것이 아니라 관계를 말하는 것입니다. 하나님과 인간의 관계가 온전히 회복될 때 거기에서 진정한 평안이 시작됩니다. 예수님은 제자들에게 "예수께서 이르시되 내가 곧 길이요 진리요 생명이니 나로 말미암지 않고는 아버지께로 올 자가 없느니라"(요 14:6)라고 말씀하십니다. 이어서 하신 말씀이 "평안을 너희에게 끼치노니 곧 나의 평안을 너희에게 주노라. 내가 너희에게 주는 것은 세상이 주는 것과 같지 아니하니라. 너희는 마음에 근심하지도 말고 두려워하지도 말라"(요 14:27)입니다. 주님이 주시는 평안은 세상이 던져 주는 평안과 다르다는 것입니다.

세상이 주는 평안, 곧 기쁨은 무엇입니까? 몸이 안 좋던 사람이 건강해지면 기쁩니다. 돈 없던 사람이 돈이 생기면 기쁩니다. 그런 기쁨이요, 평안입니다. 그런데 예수님이 주시는 평안의 정체는 무엇입니까? 예수님의 그 다음 행보를 보면 알 수 있습니다. 성경의 문맥을 쭉 살펴보면, 예수님은 이 말씀을 하시고 십자가를 지러 가십니다. 거기에 주님이 말씀하시는 기쁨의 핵심적 가치가 있습니다. 한 영혼을 구원하는 것입니다.

복음에 헌신할 때 진정한 희락을 맛볼 수 있습니다. 우리의 눈물과 기도로 불모의 땅에 살던 메마른 영혼이 생명을 얻는 것을 목격할 때, 우상들에 휩싸여 있던 멍한 눈빛들이 깨어나 주를 찬양하는 공동체 대열에 참여할 때 이루 말할 수 없는 기쁨을 누립니다. 그 기쁨을 그 무엇과 바꿀 수 있겠습니까? 세상은 죽었다

깨어나도 이해할 수 없는 기쁨과 평안입니다. 순종한 자만이 경험할 수 있는 희락입니다. 경험하지 않은 사람은 도저히 알 수 없는 비밀입니다.

하나님을 경외하는 자가 누릴 희락

이제 솔로몬이 결론을 내립니다. 잠언 1장 7절에서 말한 것과 일맥상통합니다.

“여호와를 경외하는 것이 지식의 근본이거늘 미련한 자는 지혜와 훈계를 멸시하느니라”(잠 1:7).

“죄인은 백 번이나 악을 행하고도 장수하거니와 또한 내가 아노니 하나님을 경외하여 그를 경외하는 자들은 잘 될 것이요”(전 8:12).

솔로몬은 여호와를 경외하는 것이 지식의 근본이라고 말합니다. ‘근본’이란 출발점이자 도착점을 말합니다. 지식의 처음이자 마지막이라는 말입니다. ‘여호와를 경외한다’는 말은 무슨 뜻입니까? 레위기에서 “너희 각 사람은 부모를 경외하고”(레 19:3)에서

217

사용한 단어와 같은 단어입니다. 다시 말해, 하나님께 효도하라는 말입니다. 진정한 효도가 무엇입니까? 부모의 마음을 기쁘게 하는 것입니다. 하나님은 언제 가장 기뻐하실까요? 잃어버린 영혼을 찾았을 때입니다. 잃어버린 영혼을 찾는 것이야말로 하나님을 경외하는 자가 해야 할 일입니다.

하나님의 관심은 잃어버린 영혼에게 있습니다. 오직 잃어버린 영혼들을 찾고 싶어 하십니다. 함께 모여 예배하고 찬양하기를 힘쓰는 우리가 귀를 열어 들어야 할 하나님의 마음입니다. 믿는 우리들끼리 희희낙락하는 것에서 만족하지 맙시다. 우리가 드리는 예배의 자리에, 우리가 나누는 교제의 자리에, 예수님을 모르는 영혼들을 초대하고 그들로 하여금 예수님을 만나도록 인도해야 합니다. 그럴 때 주님이 주시는, 우울한 인생을 뒤집는 참된 희락과 평안을 맛볼 것입니다. 생명 구원은 평생 우리가 행해야 할 본업임을 잊지 마시기 바랍니다.

모든
끝은
시작
이다

1. 모순이 가득한 세상에서 하나님을 갈망하십시오.

솔로몬은 세상이 모순으로 가득 차 있음을 깨닫습니다. 특히 그는 세상의 평가가 매우 불공평하다고 말합니다. 악인이나 의인이나 모두 잊히고 맙니다. 또한 우리 삶은 앞을 전혀 내다볼 수가 없습니다. 그래서 솔로몬은 늘 하나님을 향해 질문했습니다. 평생 영혼의 목마름을 가지고 산 것입니다. 모순이 가득 찬 세상에서 포기하고 안주할 것이 아니라 끊임없이 하나님을 향한 갈망을 멈추지 말아야 합니다. 갈망하는 가운데 깨달음이 있고, 깨달음 중에 생명이 있기 때문입니다.

2. 하나님이 주신 희락을 누리십시오.

희락이라는 말은 히브리어 '쉬므하'로 여기서는 하나님이 주시는 기쁨을 말합니다. 우리의 기쁨과 즐거움은 하나님께도 기쁨과 즐거움이 되는 것입니다. 또한 이 기쁨의 출처는 샬롬, 즉 하나님과의 평화로부터 시작됩니다. 우리는 주님이 주시는 바로 이 평안과 기쁨을 소유해야 합니다. 이것은 경험하지 않은 사람은 도저히 알 수 없는 비밀입니다.

3. 하나님 아버지께 효도하십시오.

솔로몬은 하나님을 경외하는 자가 되라고 결론을 내립니다. 여호와를 경외한다는 것은 무엇입니까? 효도하라는 뜻입니다. 부모의 마음을 기쁘게 하라는 말입니다. 하나님이 가장 기뻐하시는 것은 잃어버린 영혼을 찾는 것입니다. 결국 잃어버린 영혼을 찾는 것이 하나님을 경외하는 태도라 할 수 있습니다.

전도자의 삶

1. 솔로몬이 인생의 모순을 통해 깨달은 세 가지는 무엇인가요?

2. 하나님이 주시는 기쁨의 출처는 어디인가요? 나는 신앙 생활 가운
   데 진정한 기쁨을 누리고 있는지 나눠 봅시다.

3. 경외는 효도라는 단어로 생각해 볼 수 있습니다. 내가 하나님과 부
   모님께 할 수 있는 효도는 무엇일까요?

모든 산 자들 중에 들어 있는 자에게는
누구나 소망이 있음은
산 개가 죽은 사자보다 낫기 때문이니라
산 자들은 죽을 줄을 알되 죽은 자들은 아무것도 모르며
그들이 다시는 상을 받지 못하는 것은
그들의 이름이 잊어버린 바 됨이니라
그들의 사랑과 미움과 시기도 없어진 지 오래이니
해 아래에서 행하는 모든 일 중에서
그들에게 돌아갈 몫은
영원히 없느니라

전도서 9:4-6

13장

산 개가 죽은 사자보다 낫다

우리가 잘 아는 선지자 예레미야는 '눈물의 선지자'라는 별명이 붙어 있습니다. 왜 그가 눈물의 선지자입니까? 그는 말이 어눌하고 매우 내성적인 사람입니다. 더군다나 베냐민 지파 아나돗 출신 제사장 힐기야의 아들입니다(렘 1:1). 힐기야는 다윗 왕 때 제사장으로 섬기다가 솔로몬이 즉위하자 전쟁 관련 범죄로 아나돗으로 좌천한 아비아달의 자손으로 추정하고 있습니다(왕상 2:26). 무슨 의미입니까? 예레미야가 몰락한 집안의 아들로 태어났다는 말입니다. 그런데 어느 날 하나님의 말씀이 임합니다. 그것도 사람들이 좋아할 만한 메시지가 아닙니다. 나라를 심판히고 저주하는 메시지입니다. 내성적인 데다 언변도 유창하지 않은 몰락한 집안의 아들이 백성들에게 하나님의 경고 메시지를 전해야 합니다. 올곧게 사람들의 잘못을 지적하자 수많은 사람들이 예레미야에게 적의를 품기도 합니다. 정말 눈물 없이는 할 수 없는 일이 그에게 맡겨진 것입니다. 그런데 고단한 인생이라고 해서 실패했다고 단정할 수 있습니까? 인생의 가치는 하나님만이 판단할 수 있습니다. 두메산골에서 평생 작은 교회를 목회 하는 목사님과 도심에서 큰 교회를 목회 하는 목사님이 있다고 칩시다. 도심 교회에 성도가 많으니 그 교회 목사님이 성공한 걸까요? 우리는 알 수 없습니다. 오로지 하나님만이 아십니다.

인생을 평가하실 분은 오직 하나님뿐

살다 보면 어떤 사람은 사랑받는 역할만 맡고, 어떤 사람은 미움받는 역할만 맡습니다. 또 어떤 사람은 열매를 거두는 역할만 맡고, 어떤 사람은 씨를 뿌리기만 하는 고단한 역할만 맡습니다. 이를 두고 솔로몬은 "미래의 일들"이라고 표현합니다. 무슨 말인가요? 인간 소관이 아니라는 말입니다.

"이 모든 것을 내가 마음에 두고 이 모든 것을 살펴본즉 의인들이나 지혜자들이나 그들의 행위나 모두 다 하나님의 손 안에 있으니 사랑을 받을는지 미움을 받을는지 사람이 알지 못하는 것은 모두 솔로몬은 인생의 정점을 찍고 보니, 우리에게 주어진 이런 역할들이 우리가 판단할 일이 아님을 깨닫습니다. 모든 인생이 하나님의 주관 아래 있기 때문입니다.

함부로 우리 인생을 성공 또는 실패했다고 평가하면 안 됩니다. 지금 당장 우리 기준에 성공하고 실패해 보일지라도 쉽게 판단할 수 없습니다. 그것은 미래의 일들이고 그 주권은 하나님께 있습니다.

살아 있는 자에게는 기회가 있다

솔로몬인 우선 모든 사람이 죽는다는 사실을 다시 상기합니다. 그는 모든 사람의 결국은 "죽은 자들에게로 돌아가는 것"임을 깨닫습니다. 나이가 들수록 장례식장에 가면 냉엄한 메시지를 듣습니다. '너도 저 길을 갈 거다'라는 것입니다. 그런데도 우리는 늘 잊고 삽니다. 크리스천들은 항상 종말적 시각을 잃지 말아야 합니다.

참 재미있게도 보통 인생들은 죄 짓고 미친 짓 하다 죽는다고 말합니다. 가만 보면 세상이 미쳐 있습니다. 돈 버는 데 눈이 멀어서 먹는 것에 장난질을 칩니다. 발전에만 눈이 멀어 산이고 강이고 다 파헤쳐 훼손시킵니다. 자녀를 위한다는 명목으로 사교육 시장에 돈을 쏟아 붓습니다. 가만히 생각해 보면 어처구니없는 일들입니다. 인간의 욕심이 뿌린 결과는 몇 십 년 후에 반드시 되돌아옵니다. 이런 훼손된 사이클 속에서 살다가 언젠가 죽는 것이 인간의 보편적인 삶입니다.

그러나 살아 있으면 기회가 있다는 것을 깨닫습니다. "산 개가 죽은 사자보다 낫다"는 말이 바로 그런 의미입니다.

모든 끝은 시작이다

살아 있으면 기회가 있는 것입니다. 반대로 코끝에 호흡이 붙어 있지 않으면 더 이상 기회가 없습니다. 인간이라는 존재는 참 복잡한데, 또 어찌 보면 간단합니다. 호흡이 끊어지면 끝입니다.

안토니 캄폴로라는 사회학자가 뒤늦게 예수를 믿고 목회자가 되었습니다. 그는 80이 넘은 할머니 할아버지들에게 가상으로 질문을 던집니다. "당신에게 한 번 더 기회가 주어진다면 어떤 삶을 살고 싶습니까?" 별별 대답이 다 터져 나왔습니다. 그 가운데 가장 많이 나온 대답이 "도전하는 삶을 살겠다"입니다. 인생을 살고 보니, 이런저런 핑계로 놓쳐 버린 기회들이 너무 많더라는 것입니다.

일흔이 넘은 어느 교수님이 중국어를 공부하는 것을 보았습니다. 왜 중국어 공부를 시작하셨냐고 물으니까 중국에 선교하러 나가기 위해서라고 합니다. 어느 은퇴하신 교장 선생님은 자동차 정비 학원에 등록을 하시더니 자동차 정비 자격증을 따셨습니다. 아프리카로 선교를 가시려고 도전했답니다. 정말 멋진 일입니다. 그들에게 나이는 어느 광고 카피저럼 숫자에 불과합니다. 솔로몬의 말처럼 정말 살아 있다면 아직도 기회가 있는 것입니다.

지금 삶의 자리에서 참담하게 주저앉아 있는 사람이 있을 줄 압니다. 한 번만 더 일어나십시오. 코에 호흡이 있다면 아직 기회가 있습니다.

두 번째로 많이 나온 대답이 "죽도록 사랑하겠다"입니다. 자녀를 좀 더 잘 키워 보겠다고, 좀 더 잘 살아 보겠다고 죽을 힘을 다해 뛰었는데, 어느 날 돌아보니 세월은 가고 약봉지만 곁에 있더랍니다. 아내가 곁에 있을 때 사랑하지 못했고, 자녀들과 함께 있을 때 좀 더 많이 사랑하지 못한 것을 후회하는 사람들이 참 많습니다.

세 번째로 많이 나온 대답이 조금 의외입니다. "내 인생을 되돌릴 수만 있다면 영원한 것에 투자하겠다"입니다. 부동산에도 투자하고, 사랑에도 투자하고, 자녀한테도 투자하고, 건강에도 투자하는 등 이것저것 다 해봤지만 영원한 것이 없더라는 겁니다. 잡은 줄 알았으나 빈손이라는 고백입니다.

과거에 연연해하지 말라

솔로몬은 여기서 멈추지 않습니다. 아직 기회가 있다면 남은 시간을 어떻게 살 것인가에 대해 이야기합니다.

"너는 가서 기쁨으로 네 음식물을 먹고 즐거운 마음으로 네 포도

모든 끝은 시작이다

이 문학적 표현을 간단하게 풀이하자면, 지나간 시간에 대해 연연하지 말라는 말입니다. 과거 지향적인 속성이 강한 사람은 지나간 시간에 굉장히 집착합니다. 빈약하고 가난한 사람일수록 더욱 그렇습니다. 과거에 묶이지 마십시오. 추억의 앨범만 뒤지고 있지 마십시오.

우리는 앞을 향해 갈 뿐입니다. “하나님은 네가 하는 일들을 벌써 기쁘게 받으셨음”이라고 말합니다. 지난 시간들은 이미 하나님이 받으셨습니다. 과거에 얽매어 현재를 부정하거나 한탄할 필요가 없습니다. 이미 현재 나는 십자가의 대속을 통해 고귀한 존재가 되었습니다. 세상 사람들의 그 어떤 비교의식에도 흔들리지 않는 절댓값의 존재입니다. 나를 살리기 위해 하나님이 예수님이라는 값을 지불하셨으니, 나 역시 예수님의 값어치인 것입니다. 영원한 보석이 통째로 내 속에 들어온 것입니다. 그 어디에도 비교할 수 없는 인생 값입니다. 세상의 무너질 것들, 사라질 것들에 비교해서 속상해하는 어리석은 인생이 되지 마시기 바랍니다.

정결하고 기쁘게 살라

또 문학적인 표현이 이어집니다. 흐름에 맞지 않게 옷과 기름 이야기가 나옵니다.

"네 의복을 항상 희게 하며 네 머리에 향 기름을 그치지 아니하도록 할지니라"(전 9:8).

흰옷에서 떠올릴 수 있는 대상은 신부입니다. 또한 흰색은 정결과 기쁨을 상징합니다. 신부는 항상 의복을 희게 하고 머리에 향 기름을 그치지 않게 해야 합니다. 이는 신랑인 그리스도와 신부인 교회 곧 크리스천과의 관계에 빗댄 표현입니다. 좀 더 살펴봅시다.

신랑과 신부의 비유적 표현은 잠언에서 구체적으로 찾아볼 수 있습니다.

"너는 네 우물에서 물을 마시며 네 샘에서 흐르는 물을 마시라 어찌하여 네 샘물을 집 밖으로 넘치게 하며 네 도랑물을 거리로 흘러가게 하겠느냐 그 물이 네게만 있게 하고 타인과 더불어 그것을 나

모든 끝은 시작이다

여기서 우물은 부부 관계를 은유적으로 표현한 것입니다. 자기 우물에서만 물을 마시고 타인과 나누지 말라고 말합니다. 부부 사이의 정절을 말합니다. 신부는 오직 신랑만을 바라고, 신랑은 오직 신부만을 사랑해야 합니다. 그 이야기를 샘물로 묘사한 것입니다. 신랑에게 신부는 '사랑스러운 암사슴 같고 아름다운 암노루' 같은 존재입니다.

신약성경을 보면 부부 사이의 정절이 곧 그리스도와 교회의 관계임을 더욱 명확하게 알 수 있습니다. 에베소서 말씀을 보겠습니다.

좀 더 명확해졌습니까? 신부인 우리가 의복을 희게 하고 머리에 향내가 마르지 않아야 한다는 말씀은 곧 신랑 되신 예수 그리스도를 향한 우리의 신앙적 정절을 강조하고 기쁨을 확인하는 것입니다. 인간은 그 관계에서만 참된 행복을 맛볼 수 있습니다. 그 관계가 깨지면 불행해집니다.

솔로몬은 온갖 죄악들을 저지르며 무덤으로 가는 인생들을 보면서, 우리에게 진정으로 필요한 것은 그리스도이심을 알려 줍니다. 그분을 만나야 모든 불행이 끝나고 행복이 시작됩니다. 날마다 우리의 신랑 되신 예수 그리스도를 붙잡고 영원한 행복을 누리시기 바랍니다. 그분을 사모하는 마음으로 의복을 깨끗케 하고 머리에 향 기름을 바르십시오. 다시 말해 자신을 정결케 하고, 더불어 기쁨을 누리시기 바랍니다.

모든
끝은
시작
이다

전도자의 지혜

1. 하나님께 좋은 평가를 받으십시오.

어떤 사람은 사랑 받는 인생을 살고, 어떤 사람은 미움 받는 인생을 삽니다. 또 어떤 사람은 열매를 거두는 일을 하고, 어떤 사람은 고단하게 뿌리기만 합니다. 그러나 이 모든 역할은 하나님의 주관 아래 있습니다. 그 인생이 어떤 역할을 맡으며 이 세상을 살아가든지 간에 그 인생을 평가할 분은 오직 하나님뿐입니다.

2. 아직 기회가 있습니다.

솔로몬은 모든 인생들이 결국 죽음으로 돌아간다는 사실을 다시금 일깨웁니다. 그러나 살아 있는 자에게는 아직 기회가 있습니다. 많은 사람들이 좀 더 젊었을 때 도전하지 못하고, 사랑하지 못하고, 영원한 것을 찾지 못한 것을 후회합니다. 그러나 아직 살아 있다는 것은 한 번 더 일어설 수 있음을 의미합니다. 주어진 시간을 후회하느라 보내면 안 됩니다. 남과 비교하며 보내서도 안 됩니다. 과거에 연연하지 말고 앞으로 나가십시오.

3. 예수님의 신부답게 정결하고 기쁘게 사십시오.

솔로몬은 신부와 신랑의 비유를 들어 말합니다. 신부는 언제 행복합니까? 신랑과 함께 있을 때 가장 행복합니다. 신부가 해야 할 일은 무엇입니까? 의복을 항상 희게 하며 머리에 향 기름을 그치지 않게 하는 것입니다. 신부인 교회는 신앙의 정절을 지키고 신랑을 기뻐하는 가운데 신랑과 연합하라고 말합니다. 모든 인생의 행복은 예수 그리스도와의 연합에서 시작됩니다. 날마다 예수님을 붙잡고 영원한 행복을 누리십시오.

모든 끝은 시작이다

1. 지금까지의 삶을 돌아봤을 때 나는 어떤 역할을 맡아 살아왔나요?

2. 나는 혹시 삶을 포기하고 싶을 때가 있었나요? 또는 그와 같은 정
   도의 어려움을 겪은 적이 있나요?

3. 어려움을 만났을 때 어떻게 극복했는지 이야기해 봅시다.

4. 우리는 예수님의 십자가를 통한 절댓값의 존재들입니다. 내가 생각
   하는 나의 값어치는 어느 정도인지 솔직히 말해 봅시다. 그리고 오
   늘 배운 말씀들을 깊이 묵상하며 1-3번까지의 실문에 다시 한 번
   고민해 봅시다.

죽은 파리들이 향기름을 악취가 나게 만드는 것 같이
적은 우매가 지혜와 존귀를 난처하게 만드느니라

전도서 10:1

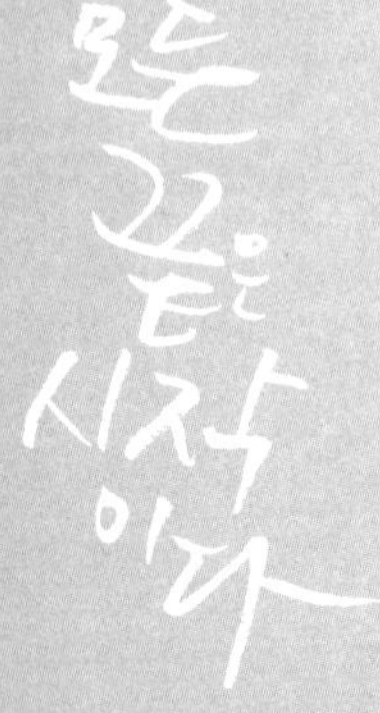

기름통에 빠진 파리

전도서 10장에서 가장 많이 등장하는 단어는 '어리석다'입니다. '우매'라는 단어로도 표현이 되어 있습니다. 무려 9번이나 나옵니다. '어리석다, 우매하다'와 반대되는 개념은 무엇입니까? 지혜입니다. 사실 이번 장의 주제는 '지혜'입니다. 우매한 자를 통해 지혜를 강조하고 있습니다. 이번 장을 통해 지혜라는 주제를 점진적으로 살펴봅시다.

우매한 자에 대한 교훈

전도서 10장은 크게 두 부분으로 나눌 수 있습니다. 1-7절의 내용과 8-10절, 15절의 내용입니다. 먼지 앞부분에서 우매한 자의 비유를 통해 우리에게 주는 교훈을 찾아봅시다. 각 절마다 어떤 내용을 담고 있는지 살펴봅시다.

1. 사소한 미련이 인생을 망가뜨린다.

"죽은 파리들이 향기름을 악취가 나게 만드는 것 같이 적은 우매
가 지혜와 존귀를 난처하게 만드느니라"(전 10:1).

1절 말씀은 팔레스타인 지방에 사는 유대인들의 관습 또는 생
활 습관을 알아야 이해되는 표현입니다. 당시에는 집집마다 직접
기름을 만들어서 아주 다양한 용도로 사용했습니다. 가끔 기름을
만드는 중에 이물질이 들어가는데, 그 지방에 파리가 많다 보니
파리가 빠져 죽는 경우가 생깁니다. 그러면 그 기름은 전부 못 쓰
게 됩니다. 파리 한 마리 때문에 기름을 통째로 버려야 합니다.

우리 인생도 마찬가지입니다. 열심히 부지런히 살다가도 사소
한 미련함 하나가 인생을 망가뜨리고 맙니다. 어떤 집단이나 공
동체에서도 이와 같은 일이 벌어집니다. 비리 검사 한 명이 검찰
조직 이미지를 망쳐 놓고, 비리 목사 한 명이 교회를 통째로 욕되
게 합니다. 적은 우매가 한 인생을 무너뜨립니다. 적은 우매가 한
조직 전체를 무너뜨립니다.

모든 끝은 시작이다

2. 우매자는 미련한 길을 선택한다.

2절부터는 미련함이 가져오는 결과가 어떤지를 아주 재미있는
비유법으로 설명합니다.

성경에서 어떤 방향성을 이야기할 때 왼쪽은 항상 부정적인 표
현으로 등장합니다. 예수님도 "양은 그 오른편에 염소는 왼편에
두리라"(마 25:33)라고 말씀하셨습니다. "우매자의 마음은 왼쪽에
있다"는 말씀은 우매자가 미련한 길을 선택한다는 의미입니다.

3. 우매자는 자기중심적으로 이야기한다.

여기서 '길'은 인생살이를 표현하는 말입니다. 우매한 자들은
인생을 살아갈 때 지혜가 부족하여 자신의 우매함을 드러낸다는

말입니다. 미련한 사람을 만나 보면 늘 자기 이야기만 늘어놓습니다. 상대방은 배려하지 않고 자기중심적입니다. 상대방의 자녀가 시험에서 낙방하고 남편이 어려움을 겪고 있어도, 아랑곳하지 않고 우리 아이가 하나님의 은혜로 시험에 합격했다고 자랑을 합니다. 상대방이 상처를 입을 수 있는 언행을 삼가도록 주의해야 합니다. 미련한 사람은 자신을 중심으로 요구하고, 말하고, 행동합니다.

4. 우매자는 억울함을 참지 못한다.

"주권자가 네게 분을 일으키거든 너는 네 자리를 떠나지 말라 공손함이 큰 허물을 용서 받게 하느니라"(전 10:4).

여기에서 주권자는 하나님이 아니라 윗사람을 말합니다. 직장으로 치자면 상관입니다. 이런 말입니다. 상관이 내게 분을 일으켜도 "회사가 여기밖에 없어? 안 해!" 하고 사표 쓰고 나오지 말라는 말입니다. 당장은 억울할지라도 모든 진상은 시간이 지나면 드러납니다. 교회에서도 목사나 장로들이 제일 엄한 소리를 듣습니다. 일꾼들이니 제일 먼저 매도 맞고 볼멘소리도 듣습니다. 억

울하다고 나서서 변명해야 합니까? 그냥 침묵하고 가만히 있으면 시간이 지나면서 진상이 드러납니다.

5. 우매한 주권자를 만나는 것은 재난과 같다.

인간 세상에 한 가지 재앙이 있는데, 엄한 상사를 만나는 것입니다. 군대에서도 고참 잘못 만나면 군 생활이 아주 힘듭니다. 회사에서도 마찬가지입니다. 엄한 상사를 만나면 인생이 아주 괴롭습니다. 어떤 남편, 어떤 아내를 만나느냐에 따라 가정생활의 즐거움도 달라집니다. 그래서 인생이 복 되려면 만남을 위해 기도해야 합니다. 만남은 내가 노력하고 인위적으로 만들 수 있는 것이 아닙니다. 인생길에서 좋은 스승, 좋은 배우자, 좋은 친구들, 좋은 동료를 만나도록 기도하십시오. 만남을 통해 재앙이 들어오고 만남을 통해 길이 열립니다.

6. 우매한 자가 통치하면 불의한 세상을 맞이한다.

"우매한 자가 크게 높은 지위들을 얻고 부자들이 낮은 지위에 앉는도다"(전 10:6).

여기서 우매한 자의 반대 개념으로 '부자'가 등장합니다. 지혜로운 자를 표현한 말입니다. 5절과 같이 재앙에 가까운 주권자가 통치하면 6절과 같은 결과가 나타납니다. 우매한 자가 높은 자리를 차지하고 지혜로운 자가 험한 자리를 얻습니다. 한 시대가 어지럽고 곤고한 것은 이렇게 우매한 권력자 때문이기도 합니다. 미련한 권력자들이 사회를 비상식적으로 이끌어 몰상식한 일들을 벌이고 국민들을 고난 속에 몰아넣습니다. 우매한 자가 정권을 잡으면 그 한 시대가 우울합니다.

7. 우매한 자가 통치하면 불공평한 일이 벌어진다.

"또 내가 보았노니 종들은 말을 타고 고관들은 종들처럼 땅에 걸어 다니는도다"(전 10:7).

모든 끝은 시작이다

또한 우매한 자가 정권을 잡으면 불공평한 인사 문제가 발생합니다. 종들이 말을 타고 오히려 고관들이 걸어 다닙니다.

솔로몬은 이 모든 우매자에 대한 비유를 통해 지혜가 얼마나 중요한가를 역설적으로 설명하고 있습니다.

우매한 자들의 집 짓는 과정은 헛될 뿐

전도서 10장 8절에서 10절까지와 15절은 우매한 자가 집 짓는 과정을 설명합니다.

> "함정을 파는 자는 거기에 빠질 것이요 담을 허는 자는 뱀에게 물리리라 돌들을 떠내는 자는 그로 말미암아 상할 것이요 나무들을 쪼개는 자는 그로 말미암아 위험을 당하리라 철 연장이 무디어졌는데도 날을 갈지 아니하면 힘이 더 드느니라 오직 지혜는 성공하기에 유익하니라"(전 10:8-10).

우매한 자는 욕심을 내서 남을 쓰러뜨리려고 모든 시도를 합니다. 그 과정에서 담을 헐고 자기 영역을 넓히며 욕심을 내서 남의 땅까지 먹으려고 시도합니다. 담을 헐고 돌을 떠내며 나무를 쪼

14장 · 기름통에 빠진 파리

갠 후 연장을 가는 것은 히브리인들의 집 짓는 과정입니다. 집 짓는 과정에 비유하여 우리 인생 이야기를 하는 것입니다. 지혜로 인생의 집을 지어야 한다는 말을 하고 있는 것입니다.

> "우매한 자들의 수고는 자신을 피곤하게 할 뿐이라 그들은 성읍에 들어갈 줄도 알지 못함이니라"(전 10:15).

그러나 우매한 자들의 집 짓는 모든 과정은 피곤할 뿐입니다. 모든 수고가 헛될 뿐이라는 말입니다. "성읍에 들어갈 줄도 알지 못함"이라는 표현이 참 재미있습니다. 이 표현은 '낫 놓고 기역 자도 모른다'는 속담과 같은 뜻입니다. 열왕기상에는 솔로몬이 성전을 봉헌하고 드리는 기도가 나옵니다.

> "나의 하나님 여호와여 주께서 종으로 종의 아버지 다윗을 대신하여 왕이 되게 하셨사오나 종은 작은 아이라 출입할 줄을 알지 못하고"(왕상 3:7).

여기에서 "종은 작은 아이라 출입할 줄을 알지 못하고"라는 표현이 있습니다. 솔로몬 자신은 성읍으로 들어가는 길을 알지 못

모든 끝은 시작이다

하는 어리석고 지혜 없는 존재라는 고백입니다. 솔로몬은 그래서 지혜를 달라고 간구합니다. 지혜란 무엇입니까? 앞서 살펴본 것처럼 지혜는 히브리어로 '렙쇼메아', 곧 '잘 듣는 마음'이라는 의미입니다. 믿음은 들음에서 옵니다(롬 10:17). 들음에서 그리스도를 깨닫습니다. 집 짓는 것이 헛되기 않기 위해서는 지혜가 필요합니다. 다시 말해 듣는 마음이 필요하며, 들음에서 그리스도를 믿고 깨달아야 합니다.

솔로몬은 시편 127편에서도 동일하게 설명합니다.

"여호와께서 집을 세우지 아니하시면 세우는 자의 수고가 헛되며 여호와께서 성을 지키지 아니하시면 파수꾼의 깨어 있음이 헛되도다 너희가 일찍이 일어나고 늦게 누우며 수고의 떡을 먹음이 헛되도다"(시 127:1-2).

여기서 '헛되다'는 단어가 세 번 등장합니다. 첫 번째는 집을 세우는 자의 수고가 헛됩니다. 집은 인생살이의 모형입니다. 두 번째는 그것을 지키는 자의 수고가 헛됩니다. 세 번째는 수고의 떡을 먹음이 헛됩니다. 전제가 무엇입니까? 어떨 때 그 모든 수고가 헛됩니까? "여호와께서 집을 세우지 아니하시면"이 전제입니다.

하나님의 임재와 동행이 없으면 세우는 자의 수고가 헛되고, 지키는 자의 수고가 헛되고, 떡을 먹기 위한 모든 수고가 헛됩니다.

예수님을 통해서만이

시편 127편 2절 후반절이 조금 쌩뚱맞아 보입니다. "그러므로 여호와께서 그의 사랑하시는 자에게는 잠을 주시는도다"(시 127:2). '잠'이라는 단어는 히브리어로 '쉐나'입니다. 예수님은 나사로가 죽었을 때도 "잔다"고 말씀하셨습니다. 성경에서 '잠'은 사실상 죽음을 말합니다.

'사랑하시는 자'는 누구를 말합니까? 솔로몬입니다. 솔로몬의 또 다른 이름은 '여디디야'입니다. 솔로몬이 태어날 때 나단 선지자가 와서 그에게 여디디야라는 이름을 붙여 줍니다. "선지자 나단을 보내 그의 이름을 여디디야라 하시니 이는 여호와께서 사랑하셨기 때문이더라"(삼하 12:25). 여디디야는 '여호와의 사랑을 입은 자'라는 의미입니다.

'하나님께서 사랑하는 자'라고 하면 누가 떠오릅니까? 예수 그리스도입니다. 예수님이 요단강에서 세례를 받으시고 올라오실 때 하늘에서 성령이 비둘기처럼 임하시며 하늘의 음성이 들립니

모든 끝은 시작이다

다. "이는 내 사랑하는 아들이요. 내 기뻐하는 자라"(마 3:17). 다시 말해, '사랑하는 자'라는 말은 오실 메시야를 예표하고 있는 것입니다.

사람은 끊임없이 집을 지으며 삽니다. 자기의 노력으로 그 집을 지키려고 애씁니다. 늘 수고의 떡을 먹습니다. 그러나 모든 것이 헛되고 헛되며 헛됩니다. 인간의 행위와 노력과 근거로는 이 모든 것을 이룰 수가 없습니다. 그렇기 때문에 하나님은 우리에게 예수 그리스도의 십자가를 주신 것입니다. 우리가 구원받기 위해서는 십자가에서 예수 그리스도가 죽으셔야만 했습니다. 그리스도가 우리 대신 잠드신 것입니다. 비로소 헛된 것들이 의미 있는 것이 되었습니다. 우리 인생이 헛되지 않은 것이 되었습니다.

시편 127편이 어떻게 이어지는지 살펴봅시다.

"보라 자식들은 여호와의 기업이요 태의 열매는 그의 상급이로다 젊은 자의 자식은 장사의 수중의 화살 같으니 이것이 그의 화살통에 가득한 자는 복되도다 그들이 성문에서 그들의 원수와 담판할 때에 수치를 당하지 아니하리로다"(시 127:3-5).

이스라엘 사람들은 집안에 아기가 태어나면 잘 보이는 곳에 활과 화살통을 걸었습니다. 집안에 생명의 부양자가 태어났다는 뜻입니다. 메시아를 기다리는 마음에서 비롯된 관습입니다. 그런데 5절에 보면 그들이 성문에서 원수와 담판합니다. 이 본문은 창세기 22장 17절을 떠오르게 합니다. "내가 네게 큰 복을 주고 네 씨가 크게 번성하여 하늘의 별과 같고 바닷가의 모래와 같게 하리니, 네 씨가 그 대적의 성문을 차지하리라."

창세기 22장에는 아브라함이 이삭을 모리아 땅 어느 산에서 하나님께 바친 사건이 나옵니다. 이 말씀은 아브라함의 사랑을 확인하신 하나님이 이삭을 살리시며 약속한 말씀입니다. '네 씨'라는 말은 원래는 복수여야 하는데 여기서는 단수로 쓰였습니다. 오직 한 분, 예수 그리스도를 가리키는 말이기 때문입니다. 대적의 성문을 차지할 것이라는 말은 구원의 승리를 말합니다. "성문에서 그들의 원수와 담판할 때에 수치를 당하지 아니하리로다"라는 시편 127편 5절 말씀과 같습니다. 예수 그리스도가 오셔서 죽으시고, 부활 승리하셔서 우리를 온전케 하신다는 말입니다.

우리는 아무리 애쓰고, 수고하고, 노력해도 그리스도 없이는 성문에 들어갈 수 없습니다. 예수님이 아니면 아무도 하나님 아버지께 갈 수 없습니다. 예수님은 "길이요, 진리요, 생명"입니다 (요 14:6). 예수 그리스도라는 길을 통해서만 하나님이 예비하신 성으로 들어가 그 부요를 경험하고 누릴 수 있습니다. 그분 안에 사는 것만이 참된 지혜이고, 참된 길에 서는 것입니다. 하나님의 손길이 당신을 붙잡으셔서 생명의 길이 되신 예수 그리스도를 통해 당신의 인생길이 든든히 세워지기를 바랍니다.

1. 사소한 미련이 인생을 무너뜨립니다.

적은 우매가 한 인생을 무너뜨립니다. 우매자는 잘못된 길을 택합니다. 우매자는 자기중심적입니다. 우매자와 달리 지혜로운 사람은 주권을 가진 자가 분을 내어도 자리를 떠나지 않고 지킵니다. 어리석은 통치자는 시대의 재난과 같습니다. 우매자가 통치를 하면 불의한 일과 불공평한 일이 벌어집니다. 솔로몬은 우매한 자의 교훈을 통해 지혜의 중요성을 강조합니다.

2. 헛된 인생이 되지 맙시다.

우매한 자는 욕심을 내서 남을 무너뜨리고, 담을 헐고, 남의 땅까지 먹으려고 합니다. 그러나 우매한 자의 인생은 헛되고 헛될 뿐입니다. 누가 우매한 자입니까? 여호와께서 함께하지 않는 인생입니다. 하나님의 임재가 없으면 집을 세우고 성을 지키고 일찍 일어나서 하는 모든 수고가 헛될 뿐입니다(시 127편). 우매한 인생이 되지 말아야 합니다.

3. 그리스도의 길을 걷고 있습니까?

시편 127편 2절을 통해 솔로몬은 또 다시 우리의 시선을 예수 그리스도께 향하게 합니다. "사랑하시는 자에게 잠을 주시는도다"에서 '사랑하는 자'는 하늘 아버지로부터 "내 사랑하는 자"라고 칭함받은 예수 그리스도를 말합니다. 우리는 예수 그리스도의 잠드심, 다시 말해 죽으심으로만 구원을 받을 수 있습니다. 우리가 아무리 애쓰고 수고하고 노력할지라도 그리스도 없이는 올바른 인생을 살 수 없습니다. 하나님께 나아갈 수 없습니다. 우매자와 같이 길을 잃고 헤매지 말고 오직 생명의 길이신 예수 그리스도와 함께 가는 지혜로운 자가 되십시오.

1. 우매자의 특징에 대해서 전도서 10장 1–7절의 내용을 살피면서 두세 단어로 요약해 봅시다.

2. 시편 127편에서 어떤 것이 헛되다고 설명하고 있나요?

3. 자신이 계획한 대로 일이 성공한 적이 있다면 그 예를 말해 봅시다. 그렇지 못한 경우도 같이 말해 봅시다.

4. 3번에서 살핀 나의 계획들이 오늘 우리가 배운 시편 127편의 내용과 일치하는지 점검해 보고 마태복음 7장 24–27절의 말씀을 다같이 읽은 후 내 인생의 집은 지금 어디에 세워져 있는지 돌아봅시다.

너는 네 떡을 물 위에 던져라 여러 날 후에 도로 찾으리라
일곱에게나 여덟에게 나눠 줄지어다
무슨 재앙이 땅에 임할는지 네가 알지 못함이니라
구름에 비가 가득하면 땅에 쏟아지며
나무가 남으로나 북으로나 쓰러지면 그 쓰러진 곳에 그냥 있으리라
풍세를 살펴보는 자는 파종하지 못할 것이요
구름만 바라보는 자는 거두지 못하리라
바람의 길이 어떠함과 아이 밴 자의 태에서
뼈가 어떻게 자라는지를 네가 알지 못함 같이
만사를 성취하시는 하나님의 일을 네가 알지 못하느니라
너는 아침에 씨를 뿌리고 저녁에도 손을 놓지 말라
이것이 잘 될는지, 저것이 잘 될는지,
혹 둘이 다 잘 될는지 알지 못함이니라
빛은 실로 아름다운 것이라
눈으로 해를 보는 것이 즐거운 일이로다
사람이 여러 해를 살면 항상 즐거워할지로다
그러나 캄캄한 날들이 많으리니 그 날들을 생각할지로다
다가올 일은 다 헛되도다

전도서 11:1-8

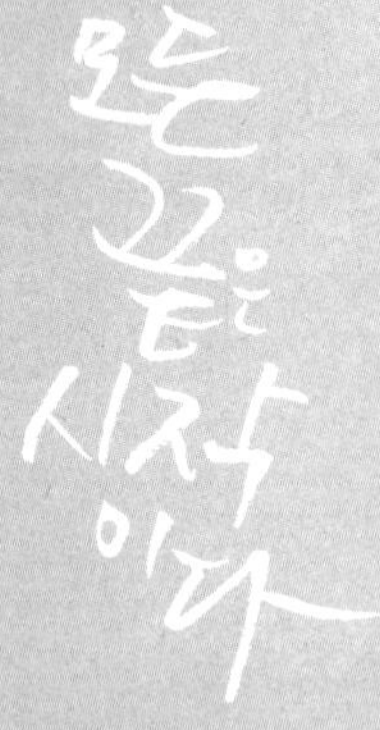

15장

네 떡을 물 위에 던지라

솔로몬이 전도서를 마무리 짓는 시점에 왔습니다. 전도서 1장부터 6장까지 솔로몬은 해 아래의 인생이란 허무하고 불확실하며, 불만족스럽고 절망적인 것임을 논증했습니다. 그리고 7장부터 10장까지는 이 절망적인 인생에서 지혜롭게 살아가는 비결을 조언하였습니다. 나머지 11장과 12장은 이 내용을 토대로, 그렇다면 궁극적으로 어떻게 살아야 할까에 대한 내용입니다. 그 적용의 내용이 무엇인지 지금부터 살펴봅시다.

다른 사람에게 가진 것을 나누라

유대인 아버지들은 자녀가 어릴 적부터 많은 이야기를 들려줍니다. 자녀들이 아버지에게 들은 이야기는 평생 가슴에 남습니다. 그리하여 그 자녀가 다시 부모가 되었을 때, 자녀에게 다시 들려주게 됩니다. 그리하여 유대인들 사이에서 전해지는 이야기가 있습니다. 전도서 11장 1절 말씀이 그런 내용입니다. 유대인이라면 누구나 알아들을 이야기입니다.

어느 날, 왕이 왕자를 데리고 숲으로 사냥을 갔습니다. 왕이 한눈을 파는 사이에 왕자가 강물을 따라 혼자 걷다가 강물에 빠지고 맙니다. 겨우 나무토막에 기대어 둥둥 떠내려가다가 아무도 없는 모래섬에 고립됩니다. 먹을 것도 없는 막막한 상황입니다. 다음 날 아침에 눈을 뜻는데, 저 상류에서 자루 하나가 떠내려옵니다. 건져서 열어 보니 딱 하루 먹을 식량이 담겨 있습니다. 다음날도 그 다음날도 날마다 딱 하루치 식량이 담긴 자루가 강물을 타고 옵니다. 그 식량에 의지해 왕자는 1년을 버팁니다. 그 사이 온 나라는 발칵 뒤집혔습니다. 대를 이를 왕자가 실종되었으니 그럴 만도 합니다. 온 나라가 나서서 왕자를 찾았지만 찾지 못합니다. 그런데 1년이 지난 뒤 왕의 꿈에 왕자가 나타납니다. 놀라서 왕이 묻습니다. "왕자야, 어떻게 살았느냐? 그동안 무슨 일이 있었느냐?" 왕자는 날마다 강물에 떠내려오는 음식을 먹고 살았다고 이야기합니다. 그러나 궁궐을 찾아 돌아올 수는 없었다고 말합니다. 왕이 그 자루를 보니 '모하메드 하산'이라는 이름이 적혀 있습니다.

잠에서 깨어난 왕은 그 이름을 가진 사람을 찾습니다. 하산은 아주 평범한 농부였습니다. 정말로 하산은 날마다 음식을 넣은 자루를 강물에 띄웠다고 합니다. 덕분에 왕은 왕자를 찾아 궁으로 데려올 수 있었습니다. 하도 신기하여 왕이 하산에게 물었습니다. "무슨 생각으로 자루를 아침마다 강물에 띄웠는가?" 농부가 왕에게 되레 묻습니다. "왕께서는 오래 전부터 내려오는 이야기를 모르십니까?" 그러고는 자신의 이야기를 했습니다. "제 아버지는 제가 어릴 적부터 말씀하시기를 '네 식물을 물 위에 던지라. 그러면 여러 날 후에 그것을 도로 찾을 것이다'라고 말씀하셨습니다. 자라면서 늘 이 말씀이 사실일까 궁금했습니다. 그래서 농부가 되어, 거둔 양식을 자루에 넣어 상물에 띄워 보냈습니다. 그런데 이 나라의 왕자님이 그 음식을 먹고 궁궐로 돌아왔다니, 저도 놀랍습니다."

솔로몬 역시 아버지에게서 이 이야기를 들었을 것입니다. 유대인들의 지혜가 담긴 이 이야기의 핵심 가치는 무엇일까요? 자신에게 소중한 것을 물에 띄움으로 다른 사람을 위해 사용되도록 하라는 말입니다. 다음 구절에서 더 구체적으로 이야기합니다.

유대인들에게 '일곱이나 여덟'이라는 숫자는 인간이 평생을 살면서 영향을 줄 수 있는 관계의 한계 수치입니다. 한 사람이 평생을 살아도 영향을 줄 수 있는 사람은 일고여덟 명에 불과하다는 말입니다. 다시 말해 이 말씀은, 내가 가진 가장 좋은 것, 즉 네 떡을 나눌 수 있는 사람에게 모두 나누라는 의미입니다. 그 이유가 무엇입니까?

비바람이 불어와 나무가 쓰러집니다. 그런데 나무가 자기가 원하는 방향을 정해서 쓰러질 수 있습니까? 쓰러진 쪽이 마음에 안

든다고 벌떡 일어나 다른 방향으로 쓰러질 수 있습니까? 그럴 수 없습니다. 한 번 쓰러지면 그것으로 끝입니다. 인생에서 기회란 이와 같습니다. 한 번 지나가면 되돌릴 수 없습니다. 그것을 문학적으로 표현한 것입니다. 도움이 필요한 누군가를 위해 내 것을 나눌 수 있는 기회를 놓치지 마십시오.

모든 주권은 하나님께 있다

솔로몬은 농사짓는 것에 빗대어 하나님의 주권과 인간이 해야 할 일을 이야기합니다. 4절 말씀을 보면, 파종하지 못하고 거두지 못하는 자에 대해 설명합니다.

"풍세를 살펴보는 자는 파종하지 못할 것이요 구름만 바라보는 자는 거두지 못하리라"(전 11:4).

솔로몬은 풍세에 따라 농사를 지으면 아무것도 건지 못한다고 말합니다. 어떤 사람은 비바람이 불어도 파종을 하고 어떤 사람은 주저앉습니다. 두 가지 인생이 있습니다. 어떤 사람은 모든 상황을 살펴서 예측하고 상식적으로 따져서 행동합니다. 그래서 불가능해 보이는 일에는 절대 뛰어들지 않습니다. 상식선에서만 행동합니다. 그런데 또 어떤 사람은 불가능해 보이는 일에도 쉽게 도전합니다. 실패하더라도 두려워하지 않고 부딪힙니다. 그런데 내일을 아는 사람이 있습니까? 인생의 시간은 잡아둘 수가 없습니다. 그렇다고 "내일 일은 난 몰라요"가 초점이 아닙니다. 솔로몬은 모든 일의 주권이 하나님께 있음을 이야기합니다.

"바람의 길이 어떠함과 아이 밴 자의 태에서 뼈가 어떻게 자라는지를 네가 알지 못함 같이 만사를 성취하시는 하나님의 일을 네가 알지 못하느니라 너는 아침에 씨를 뿌리고 저녁에도 손을 놓지 말라 이것이 잘 될는지, 저것이 잘 될는지, 혹 둘이 다 잘 될는지 알지 못함이니라"(전 11:5-6).

우리의 판단과 예측으로 일하지 마십시오. 일의 성취와 주권은 하나님께 있습니다. 우리는 씨를 뿌리고 물을 주러 온 것입니다. 자라게 하시는 하나님이십니다. 우리가 해야 할 일은 기회가 있을 때마다 무조건 도전하는 것입니다. 인간적인 상식으로 계산해서 플러스가 되는 일에만 뛰어드는 것이 아니라, 하나님의 명령이 분명하다면 자라게 하실 이는 하나님임을 믿고 무조건 도전해

모든 끝은 시작이다

야 합니다. 이것이야말로 성경이 우리에게 요구하는 '충성'입니다. 인생의 주권과 일의 성취는 그분의 영역입니다. 우리는 약속을 믿고 달려갈 뿐입니다.

부지런히 복음을 전하라

사람은 언제부터 땀을 흘리고 노동을 해야 먹고살 수 있게 되었습니까? 창세기에 자세히 기록되어 있습니다.

> "아담에게 이르시되 네가 네 아내의 말을 듣고 내가 네게 먹지 말라 한 나무의 열매를 먹었은즉 땅은 너로 말미암아 저주를 받고 너는 네 평생에 수고하여야 그 소산을 먹으리라 땅이 네게 가시덤불과 엉겅퀴를 낼 것이라 네가 먹을 것은 밭의 채소인즉 네가 흙으로 돌아갈 때까지 얼굴에 땀을 흘려야 먹을 것을 먹으리니 네가 그것에서 취함을 입었음이라 너는 흙이니 흙으로 돌아갈 것이니라 하시니라"(창 3:17-19).

노동은 아담의 범죄에서 시작됩니다. 죄를 범한 대가가 땀을 흘려야 되는 노동이었습니다. 하나님은 인간이 땅 파서 씨 뿌리고 거두고 김매는 수고를 통해 먹고 살도록 명령하셨습니다. 우리는 씨 뿌리고 거두는 수고를 하며 살아야 합니다. 성경에서 이러한 수고의 전체적인 의미는 '영혼 구원'과 관련이 있습니다.

마태복음에 나오는 예수님의 씨뿌리는 비유는 구원에 대한 커다란 그림입니다. 어떤 씨는 길가에, 어떤 씨는 돌밭에, 어떤 씨는 가시밭에, 어떤 씨는 옥토에 뿌려집니다. 어느 밭에서만 열매를 얻을 수 있었습니까? 옥토입니다. 이 비유에는 커다란 구원의 그림이 담겨 있습니다. 여기서 씨는 예수 그리스도입니다. 밭은 우리들입니다. 밭에 예수 그리스도의 씨가 뿌려집니다. 그러나 옥토 밭에서만 구원이라는 열매가 맺힙니다. 하나님은 우리의 심령을 옥토가 되게 경작하시고, 예수 그리스도라는 씨를 심어 많은 열매를 맺게 하십니다.

이번 장의 마지막 절을 봅시다. 솔로몬은 농사를 짓듯 영혼 구원을 위해 살아야 할 우리에게 청년의 날들을 어떻게 살아야 하는지 이야기합니다.

"청년이여 네 어린 때를 즐거워하며 네 청년의 날들을 마음에 기뻐하여 마음에 원하는 길들과 네 눈이 보는 대로 행하라 그러나 하나님이 이 모든 일로 말미암아 너를 심판하실 줄 알라"(전 11:9).

모든 끝은 시작이다

마지막 날에는 하나님의 심판이 있습니다. 하나님의 나라는 실제로 다가오고 있습니다. 크리스천들이 분명히 인식하고 있어야 할 분명한 사실입니다. 복음을 듣지 못했거나 복음을 믿지 않는 사람들에게는 심판이 기다립니다. 영원한 괴로움이 지속될 지옥이 기다립니다. 그렇다면 구속의 백성으로 택함 받고, 부름 받은 우리가 이 나그네 길에서 해야 할 일은 무엇입니까?

크리스천과 교회는 주님 오시는 그날까지 생명을 살리는 일에 목숨 걸어야 합니다. 우리에게 가장 소중한 것은 무엇입니까? 솔로몬이 말한 "네 떡"은 우리에게 있어 무엇입니까? 바로 생명의 양식으로 오신 예수 그리스도입니다. 학생으로 살든, 주부로 살든, 직장인으로 살든, 인생의 강물이 흐르는 한 많은 사람들에게 그 떡을 나눠 주십시오. 열매가 맺힐까? 꽃이 필까? 이것은 우리가 걱정할 영역이 아닙니다. 다만 우리는 기회가 있는 대로 쉬지 않고 복음을 전해야 합니다. 교회는 항상 예수 없는 한 영혼을 바라볼 수 있어야 합니다.

예수님은 생명의 떡으로 우리에게 오셨습니다. 수많은 생명에게 기회가 있는 대로 예수님을 나누시기 바랍니다. 교회 공동체가 하나님을 바라보고 예수를 생명의 양식으로 삼는 순종과 헌신이 일어나기를 바랍니다.

전도자의 지혜

1. 가진 것을 나누며 사십시오.

솔로몬은 자신이 가진 가장 좋은 것을 다른 사람을 위해 나누라고 권면합니다. 그것도 나눌 수 있는 모든 사람에게 나누라고 말합니다. 왜 그렇습니까? 비바람이 불어와 나무가 한 번 쓰러지면 다시 일어설 수 없는 것처럼 우리에게 주어진 기회는 지나가면 되돌릴 수 없기 때문입니다.

2. 일의 성취는 하나님께 맡기십시오.

솔로몬은 풍세만을 보고 파종하고 추수하기를 그만두는 자들을 향해 충고합니다. 분위기나 환경에 상관없이, 하나님이 가라고 하신 목표가 있고 목적지가 있다면, 바람이 불든 비가 오든 상관하지 않고 무조건 순종해야 합니다. 어떤 사람은 모든 상황을 살펴서 예측하고 상식적으로 따져서 행동합니다. 어떤 사람은 불가능해 보이는 일에도 쉽게 도전합니다. 우리의 판단과 예측으로 일하지 마십시오. 일의 성취와 주권은 하나님께 있습니다. 하나님의 명령이 분명하다면 자라게 하실 하나님을 믿고 무조건 도전하십시오. 그것이 성경이 요구하는 '충성'입니다.

3. 세상 끝 날까지 복음을 전하십시오.

성경에서 농사짓는 이야기는 복음 전하는 일을 의미합니다. 마지막 날에는 반드시 하나님의 심판이 있습니다. 심판의 날은 다가옵니다. 구속의 백성으로 택함 받고 부름 받은 우리가 이 나그네 길에서 해야 할 일은 무엇입니까? 주님 오시는 그날까지 생명을 살리는 일에 목숨 걸어야 합니다. 우리에게 가장 소중한 것은 무엇입니까? 생명의 양식으로 오신 예수 그리스도입니다. 학생으로 살든, 주부로 살든, 직장인으로 살든, 인생의 강물이 흐르는 한 많은 사람들에게 생명의 양식을 나누십시오.

모든 끝은 시작이다

1. 본문에서 말하는 떡은 무엇을 의미하며, 우리가 가진 떡은 무엇이 있는지를 생각해 봅시다.

2. 창세기 3장 15–19절까지 읽어 본 뒤, 원시복음이라는 것이 무엇인지 인터넷으로 검색해 봅시다. 그리고 로마서 5장 12–17절을 창세기 3장과 비교하며 죄의 삯인 노동을 다시 한 번 묵상하고 깨달은 것을 나눠 봅시다.

3. 어떤 직업에 종사하고 있습니까? 혹은 어떤 직업을 준비 중에 있습니까? 그 직업을 통해 어떻게 하나님께 영광을 돌릴 수 있을까요?

4. 복음을 전하고 제자를 삼기 위해 내가 하는 일은 무엇입니까? 당장 할 수 있는 일은 무엇입니까?

너는 청년의 때에 너의 창조주를 기억하라
곧 곤고한 날이 이르기 전에,
나는 아무 낙이 없다고 할 해들이 가깝기 전에
해와 빛과 달과 별들이 어둡기 전에,
비 뒤에 구름이 다시 일어나기 전에 그리하라

전도서 12:1-2

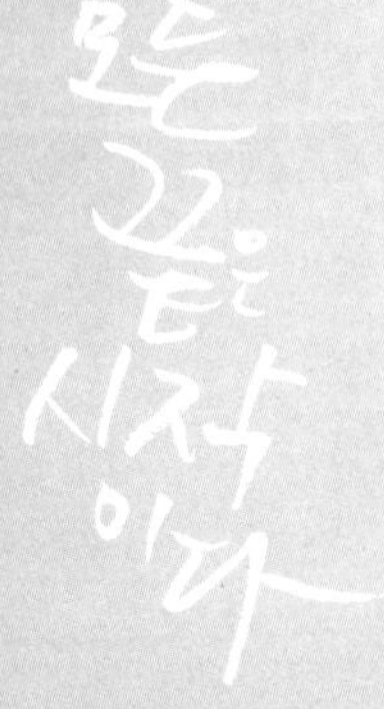

16장

청년의 때 꼭 할 일

지금까지 전도서를 조각조각 살펴보았습니다. 문학적인 표현이 많아서 해석하고 이해하는 데 어려움이 있는 부분이 있었을 것입니다. 그러나 분명한 것은, 솔로몬이 노년에 푸념하듯이 허무한 인생을 노래한 것이 아니라는 것입니다. 솔로몬은 가지고 싶은 것, 하고 싶은 것을 모두 가지고 누리며 살아온 사람입니다. 권력과 부귀영화를 모두 누렸습니다. 그런 그가 인생에 대해 깨달은 것을 나눕니다. 그리고 아직 젊은 우리에게 어떻게 사는 것이 참된 것이고 영원한 것인지를 깨닫게 합니다. 다시금 복음의 핵심을 바라보게 합니다.

이번 장에서 살필 성경 본문은 전도서의 마지막 장입니다. 이 진 장의 연장선상에서 솔로몬이 전도서를 통해 우리에게 전하고 싶은 메시지를 살펴보겠습니다.

나는 과연 청년인가

솔로몬은 아주 인상적인 말로 12장을 시작합니다. 유명한 구절입니다.

이것은 솔로몬이 젊은이들에게만 던지는 말일까요? 그렇지 않습니다. 히브리인들은 '청년'이라는 말을 '새벽'과 같은 개념으로 사용합니다. 새벽은 어둠이 끝나고 막 떠오르는 햇볕과 함께 시작됩니다. '청년'이라는 시기가 그렇습니다. 어린 시절을 지나 이제 사회를 향해 독립적으로 발걸음을 옮기는 때입니다.

그런데 히브리인들이 가지고 있는 '청년'에 대한 이해를 알아볼 필요가 있습니다. 이스라엘은 나라와 전쟁이 많았던 나라입니다. 특히 구약 시대에는 전쟁이 끊이지 않았습니다. 전쟁을 하면 군대를 모집합니다. 강하고 빠른 청년들이 소집됩니다. 그래서 히브리인들에게 청년은 적어도 단순히 나이의 많고 적음을 말하는 것이 아닙니다. 징집 조건에 적합한 사람입니다. 다시 말해, 생물학적인 개념을 떠나 목적과 사명을 위해 부름 받고 택함 받은

모든 끝은 시작이다

모든 사람들은 모두 청년입니다.

크리스천은 하나님의 사명을 따라 창조되고 부름 받았습니다. 그러므로 본래 크리스천은 누구든지 청년입니다. 아무리 젊어도 목적과 사명을 위해 부름 받지 않은 사람은 청년이 아닙니다. 60이 넘은 분이라도 그 정체성이 분명하다면 청년입니다. 교회를 아무리 오래 다녔어도 그 정체성이 희미하면 그 역시 청년이 아닙니다.

자신을 돌아보시기 바랍니다. 나는 크리스천으로서 정체성이 분명한 청년인지 잘 살펴보시기 바랍니다.

인생과 늙음에 대하여

전도서 12장 2절부터는 한 인간이 이 땅에 태어나서 겪게 될 노화의 과정을 이야기합니다.

"해와 빛과 달과 별들이 어둡기 전에, 비 뒤에 구름이 다시 일어나기 전에 그리하라"(전 12:2).

우선 2절은 서두처럼 한 인생이 이 땅에 태어나서 겪는 과정을

문학적으로 표현했습니다. 그리고 3절부터 노화의 과정을 살펴
보겠습니다.

> "그런 날에는 집을 지키는 자들이 떨 것이며 힘 있는 자들이 구부
> 러질 것이며 맷돌질 하는 자들이 적으므로 그칠 것이며 창들로 내
> 다보는 자가 어두워질 것이며 길거리 문들이 닫혀질 것이며 맷돌
> 소리가 적어질 것이며 새의 소리로 말미암아 일어날 것이며 음악
> 하는 여자들은 다 쇠하여질 것이며"(전 12:3-4).

우선 집을 지키는 자들이 떨 것이라고 합니다. 나이가 들면 직
장에서 은퇴하고 생활전선에서 한 걸음 물러나게 됩니다. 한창
땀을 흘리고 일하던 현장에서 물러납니다. 따라서 집을 지키는
자들이란 노인들을 말하는 것입니다. 노화가 되면 몸이 여러 가
지 신호를 보냅니다. 손이 떨리고(떨 것), 허리가 굽고(구부러질 것),
이가 점점 빠져서 제대로 씹지를 못하고(맷돌질 하는 자들이 적으므로
그칠 것), 눈이 침침해서 제대로 보이지가 않습니다(창들로 내다보는 자
가 어두워질 것).

식욕도 떨어지고 말수도 적어져서 입을 열 일이 별로 없고(길거
리 문들이 닫혀질 것), 잠이 없어지고(새의 소리로 말미암아 일어날 것), 목소

리도 변하고 템포도 늦어지는 등(음악하는 여자들은 다 쇠하여질 것) 여러 가지 신체적 변화가 일어납니다.

또한 나이가 들면 고층아파트처럼 높이 올라가는 것을 싫어합니다(높은 곳을 두려워할 것). 생리적으로 낮은 것을 좋아합니다. 게다가 조그만 일에 자주 놀랍니다(길에서는 놀랄 것). 머리카락이 백발이 되고(살구나무가 꽃이 필 것), 작은 물건을 드는 것조차 버거우며(메뚜기도 짐이 될 것), 인간의 기본적인 욕구가 쇠퇴합니다(정욕이 그치리니). 그러다가 이제 생사를 오가는 시간이 다가옵니다. 죽음의 그림자가 드리웁니다(자기의 영원한 집으로 돌아가고). 그러면 조문객들이 찾아올 것입니다(조문객들이 거리로 왕래하게 됨).

죽음 뒤에는 어떻게 됩니까? 육체는 흙으로 돌아가고(너는 흙이니 흙으로 돌아갈 것이니라, 창 3:19), 살아 있는 영은 하나님께로 돌아갑니다.

마지막에는 심판이 있다

한 인생이 저물고 죽음이 찾아오면 그 뒤에는 반드시 심판이 있습니다. 심판에 관해서는 전도서의 말씀과 함께 요한복음과 고린도후서의 말씀을 찾아보겠습니다.

"하나님은 모든 행위와 모든 은밀한 일을 선악 간에 심판하시리라"(전 12:14).

"또 인자됨으로 말미암아 심판하는 권한을 주셨느니라 이를 놀랍게 여기지 말라 무덤 속에 있는 자가 다 그의 음성을 들을 때가 오나니 선한 일을 행한 자는 생명의 부활로, 악한 일을 행한 자는 심판의 부활로 나오리라"(요 5:27-29).

"이는 우리가 다 반드시 그리스도의 심판대 앞에 나타나게 되어 각각 선악간에 그 몸으로 행한 것을 따라 받으려 함이라"(고후 5:10).

선한 자도, 악한 자도 다 부활을 합니다. 그러나 선한 자는 생명의 부활로, 악한 자는 심판의 부활로 나옵니다. 그날이 오면 주께서 우리에게 물으실 것입니다. "네 눈에 이웃을 위해 흘렸던 눈물이 있는가? 이웃을 위해 수고했던 섬김의 상은 있는가? 그대들의 인생길에 이웃을 향한 복음의 발걸음이 있었던가?" 마지막 날에 하나도 빠짐없이 물으실 것입니다.

전도서의 처음을 기억하십시오. 솔로몬은 전도서 1장 1절에서 자신을 뭐라고 소개합니까? "다윗의 아들 예루살렘 왕 전도자"라고 소개합니다. 원문에 보면 '전도자'라는 것이 가장 먼저 나옵니다. 그에게 그만큼 중요한 정체성이었다는 것입니다. 전도자라는 말은 히브리어로 '코헬렛'입니다. 불러내서 가르치고, 전하고 외친다는 뜻입니다. 시작과 같은 의도로 솔로몬은 전도서를 마무리합니다.

"전도자는 지혜자이어서 여전히 백성에게 지식을 가르쳤고 또 깊이 생각하고 연구하여 잠언을 많이 지었으며 전도자는 힘써 아름다운 말들을 구하였나니 진리의 말씀들을 정직하게 기록하였느니라"(전 12:9-10).

여기서 "아름다운 말들"이란 바로 복음을 이야기합니다. 그는 평생 다윗의 아들로 예루살렘 왕으로 살았지만 또한 평생 전도자로서의 삶을 달려왔다는 고백입니다. 그는 마지막까지 백성에게 지식을 가르쳤습니다.

오늘, 전도자의 삶을 살라

이제 우리가 해야 할 일은 무엇입니까? 하나님을 경외하고 그의 명령들을 지키는 것입니다.

> "일의 결국을 다 들었으니 하나님을 경외하고 그의 명령들을 지킬지어다 이것이 모든 사람의 본분이니라"(전 12:13).

주님은 "나의 계명을 지키는 자라야 나를 사랑하는 자니"(요 14:21)라고 말씀하셨습니다. 또한 우리는 전도서를 통해 우리에게 내일은 없으며, 오늘만 존재할 뿐임을 깨닫습니다. 시간의 주권자는 하나님이십니다. 우리에게 내일이 있을지, 없을지 우리는 모릅니다. 따라서 우리에게 제일 중요한 시간은 바로 '오늘'입니다. 오늘, 은혜의 자리로 나오는 게 중요합니다. 오늘, 하나님을

모든 끝은 시작이다

경외하는 것이 중요합니다. 오늘, 그의 명령들을 지키는 것이 중요합니다. 오늘, 복음을 전하는 것이 중요합니다. 우리는 오늘이라는 단 하루를 살기 위해 이 땅에 온 존재입니다.

짐 엘리엇이라는 한 청년을 소개합니다. 1956년 미국 전역을 충격으로 몰아넣었던 사건의 주인공입니다. 명문대를 졸업한 짐 엘리엇이 네 친구와 함께 신학을 공부하고 미개한 땅 에콰도르로 떠났습니다. 밀림 속으로 들어갔습니다. 잔인하고 독하기로 유명한 아쿠아 족에게 복음을 전하기 위해서였습니다. 그런데 떠나고 닷새가 지나자 선교 본부에 소식이 끊겼습니다. 선교 본부에서 탐색을 나갔다가 충격적인 현장을 발견했습니다. 다섯 청년이 무참하게 살해되어 해변에 널브러져 있었습니다. 이상한 점은 그들 호주머니에 호신용 권총이 그대로 있었습니다. 그 총을 뽑아 신변을 보호할 수 있었는데도 일부러 총을 꺼내지 않았던 것입니다. 소식이 고국에 알려지고 대대적으로 신문에 실렸습니다. 기사 제목으로 "이것이 무슨 낭비인가"라고 쓰였습니다. 꽃다운 젊은이들이 이렇게 공부해서 진인한 족속의 밀림으로 들어가 불과 몇 일만에 시체가 되어 고국으로 돌아오다니, 이 얼마나 낭비인가 하는 뜻이었습니다.

장례는 끝나고 한 기자가 짐 엘리엇의 아내 엘리자베스 엘리엇에게 찾아와 인터뷰를 합니다. 그러자 엘리자베스가 기자에게 물었습니다.

"이것이 무슨 낭비냐고요? 왜 그런 제목을 쓰셨습니까? 남편은 어렸을 때부터 이 순간을 위해서 준비했던 사람입니다. 남편이 이제야 그 꿈을 이루었을 뿐입니다."

그 뒤 엘리자베스는 남편의 10년 전 일기를 공개했습니다.

"하나님 제가 감히 하나님께 기도합니다. 이 부족한 나무토막 같은 인생에 불을 붙여 주십시오. 제가 주를 위해 타버릴 수 있도록, 나의 삶을 주를 위해 소멸시킬 수 있도록. 이 몸은 주의 것입니다. 나는 오래 살기를 원치 않습니다. 완전하고 풍성한 삶을 원합니다. 바로 주님과 같이"

딱 10년 후, 스물아홉이라는 젊은 나이에 짐 엘리엇은 에콰도르 아쿠아족 밀림 속에서 주를 위해 소멸되었던 것입니다. 일기장 한 구석에 이런 문구가 눈에 띄었습니다.

"영원히 썩어지지 않을 것에 바치는 나의 희생을 어리석다고 말하지 말아요."

아내 엘리자베스는 훗날 아이들과 함께 남편이 숨진 그 피의 땅에 들어가 복음을 전합니다. 그리고 그 땅에 놀라운 기적이 일어납니다. 그리스도의 생명을 받아들이고 복음의 꽃이 피기 시작

모든 끝은 시작이다

합니다. 그 마을 출신인 한 크리스천이 빌리 그레이엄 전도 집회 때 간증을 한 적이 있습니다. 그는 아쿠아 족의 추장이었던 사람입니다. 그는 수많은 관중 앞에서 이렇게 말했습니다.

"우리는 그분들에게 복음을 받고 하나님을 믿게 되었습니다. 그 젊은이들의 희생이 아니었다면 우리는 아직도 그렇게 살고 있었을 겁니다. 그분들의 죽음으로 인해 우리들은 빛을 보게 되었습니다. 그래서 우리도 오래 살기를 원치 않습니다. 주님처럼, 그분들처럼 살기를 원합니다."

우리에게는 오늘이라는 시간밖에 주어져 있지 않습니다. 각자 삶의 현장에서 바로 오늘, 전도자로 살아야 합니다. 주님을 사랑하는 마음이 넘쳐 기쁨으로 이웃에게 나아가야 합니다. 복음을 아는 자라면, 주님의 명령을 아는 자라면 그냥 주저앉아 있지 않습니다. 최초의 제자들이 어떤 의무감에 사로잡혀 이방 민족에게 나아갔을까요? 아닙니다. 그들은 주체할 수 없는 기쁨 때문에 주저할 수 없었습니다. 전도자로의 삶을 사는 것에 아직도 미적대고 있다면 자신을 돌아보아야 합니다. "나는 진짜 크리스천인가? 나는 진짜 청년인가? 나는 진짜 거듭났는가? 나는 진짜 성경을 믿는가? 나는 진짜 심판의 날을 믿는가?" 그리고 자리에서 일어나 이웃과 열방으로 나가 전도자의 삶을 살아야 할 것입니다.

전도자의 지혜

1. 크리스천은 하나님의 사명을 감당하는 '청년'입니다.

솔로몬은 전도서의 마지막 장을 "너는 청년의 때에"라고 시작합니다. 여기서 청년의 때는 어느 특정 연령을 말하는 것이 아닙니다. 정확한 목적과 사명을 위해 부름 받고 택함 받은 존재를 통칭하는 말입니다. 따라서 예수를 믿고 구원 받아 제자로서의 분명한 사명을 위해 부름 받고 택함 받은 크리스천들은 누구나 청년입니다.

2. 인간은 유한한 존재입니다.

청년의 때가 언제고 지속되는 것은 아닙니다. 솔로몬은 인간의 늙음을 비유적으로 묘사하며, 인간이 얼마나 유한한 존재인지를 깨닫게 합니다. 나이가 들면 외모가 변하고 힘이 빠지고 삶의 욕구도 사라집니다. 눈도 나빠지고 이도 빠지고 목소리도 잘 나오지 않고 머리도 희어집니다. 그리고 결국 육은 흙으로 돌아가고 영은 하나님께로 돌아갑니다. 그리고 주님의 심판대 앞에 섭니다. 따라서 청년의 때에 우리는 인간의 유한성을 기억해야 합니다.

3. 바로 오늘, 전도자의 삶을 사십시오.

솔로몬은 나이가 들어서도 백성들에게 하나님에 대한 지식을 가르치고 하나님만을 경외하라고 외쳤습니다. 전도자의 삶을 살았습니다. 우리도 같은 사명으로 부름 받은 존재들입니다. 주님의 심판대에서 주님은 물으실 것입니다. "네 눈에 이웃을 위해 흘렸던 눈물이 있는가? 네 길에서 복음의 발걸음이 있었던가?" 우리는 내일을 모르는 존재입니다. 우리에게 주어진 시간은 '오늘'입니다. 바로 오늘, 하나님을 사랑하고 그의 계명을 지키는 자가 되어야 합니다. 바로 오늘, 이웃과 열방으로 복음을 전하는 자로 살아야 합니다.

1. 전도서에서 말하는 '청년의 때'는 어떤 때를 말하나요?

2. 고린도후서 5장 10절에서는 우리가 모두 어디에 선다고 말하고 있으며, 요한복음 5장 29절에서는 사람이 어떻게 부활한다고 말하고 있는지 찾아봅시다.

3. 전도서 12장 1절과 13절을 연결해서 외워 봅시다.

4. 이제 실천할 때입니다. 복음을 전하며 받은 은혜가 있다면 함께 나눠 봅시다. 아직 복음을 전하는 일에 주저하고 있다면 그 이유가 무엇인지 나눕시다. 제자로서의 소명을 잘 감당하도로 서로 권면합시다.

절망 속에서 더욱 빛나는 전도서의 희망 선언

모든 끝은 시작이다

초판 1쇄 발행 2013년 5월 20일
초판 5쇄 발행 2013년 6월 15일

지은이 송태근
펴낸이 오정현
펴낸곳 도서출판 국제제자훈련원

기획책임 김명호
편집책임 옥성호
편집 권오철　**디자인** 참디자인
마케팅 김겸성 송상헌 박형은 김미정 손은실 김종운 이경희

등록 제22-1240호(1997년 12월 5일)
주소 (137-865) 서울시 서초구 서초1동 1443-26
e-mail dmipress@sarang.org　**홈페이지** www.discipleN.com
전화 (02)3489-4300　**팩스** (02)3489-4309

ISBN 978-89-5731-616-0　03230　Printed in Korea

※ 책값은 뒤표지에 있습니다. 잘못된 책은 구입하신 곳에서 교환해 드립니다.